MATHILDE MAIER

ALLE GÄRTEN MEINES LEBENS

MATHILDE MAIER

ALLE GÄRTEN MEINES LEBENS

Mit Zeichnungen der Autorin

VERLAG JOSEF KNECHT · FRANKFURT AM MAIN

CIP-Kurztitelaufnahme der Deutschen Bibliothek

Maier, Mathilde:
Alle Gärten meines Lebens. – 1. Aufl. – Frankfurt a. M.: Knecht, 1978.
ISBN 3-7820-0410-8

ISBN 3-7820-0410-8

1. Auflage 1978.
Gesamtherstellung: Wiesbadener Graphische Betriebe GmbH, Wiesbaden

In memoriam Max Hermann Maier

1891–1976

Frankfurt am Main – Rolandia, Brasilien

Natur trägt unbekümmert ihr altes Gewand
Herzzerreißender Schönheit.
Das Leben war noch immer ein Geheimnis,
Der Tod ein anderes.

Marie Luise Kaschnitz

INHALT

KINDHEITSGARTEN AM NIEDERRHEIN

Der erste Garten in meinem Leben lag in einem kleinen Städtchen am Niederrhein, da, wo die Erde flach ist und ein großer Himmel sich über der weiten Landschaft öffnet und die Sonnenuntergänge so golden sind, wie Rembrandt sie gemalt hat. In diesem Städtchen war mein Vater Lehrer.

Glücklich das Kind, das mit einem Garten aufwächst. Mein Garten lag hinter einem schönen, alten rheinischen Haus. Vorn hatte es eine stattliche Freitreppe und hinten, zum Garten hin, eine breite Steinveranda. Auf ihr standen große Kübel mit altem Oleander, roter, rosa und weißer Oleander. Den ganzen Sommer über standen diese Büsche in üppigem Flor, denn sie wurden ständig betreut, gegossen und gedüngt, wobei die lange Tabakspfeife meines Vaters eine Rolle spielte, deren Abfälle in diese Kübel geleert wurden. Für mich bleibt der eigenartige, südliche Geruch der Oleanderblüten für immer verknüpft mit einem leichten Geruch von Tabakspfeife.

Von der Veranda führte eine Steintreppe in den Rosengarten; so ein altmodischer Rosengarten

war es, mit Beeten von Hochstammrosen und ovalen Plätzen niederer Rosen, in Rasen eingebettet, mit Levkoien, Goldlack und Reseda dazwischen. Blühende Sträucher trennten diesen Gartenteil vom großen Gemüsegarten dahinter. Dieser Ziergarten wurde von uns Kindern nur scheu geliebt; mein Vater wirkte darin in seinen freien Stunden mit Schere und Okuliermesser. Für uns Kinder gab es da zu viele Verbote. Meine Schwester und ich wuchsen so mit einer Schar von Geschwistern auf. Wir waren etwa dreißig an der Zahl, denn meine Eltern betreuten ein Waisenhaus, wie man das damals nannte, das sie in den ersten Jahren einer lange kinderlos gebliebenen Ehe gegründet hatten.

Aber ging man dann durch einen Laubengang von wildem Wein in den großen anschließenden Gemüsegarten, da erschloß sich unser Reich.

Die schöne, schwarze rheinische Erde, wie roch sie so gut im Frühjahr, wenn der Kuhmist in Reihen untergegraben wurde und wir die Würmer und die dicken weißen Engerlinge für die Hühner sammelten, die warme feste Hand des Vaters die runzligen Samen des Mangolds in die Rillen säte. Die Johannis- und Stachelbeersträucher an den Rändern der Wege erwachten mit so zarten grünen Blättchen, daß man es kaum glauben konnte, und an den Himbeerhecken reiften überraschend schnell die köstlichen roten Beeren.

Das Schicksal hat uns später in die Tropen verschlagen, wo uns ein immer üppiges Wachstum umgibt. Vielleicht ist es das scheue Erwachen der Pflanzen nach dem Winter, der zarte Geruch der Taubnessel und des Wiesenschaumkrautes im Frühling, die Schneeglöckchen und die ersten Veilchen im Gras, was bleibt als »Sehnsucht nach dem verlorenen Paradies der Jugend, aus dem wir nicht vertrieben werden können« (Jean Paul).

Spargelstechen, die dicken weißen Triebe ausbuddeln, ein Bündelchen Spargel der freundlichen Nachbarin ans Küchenfenster legen, das füllt ein Kinderherz mit Glück. Kaum waren die gelben Rüben hoch, so probierte man schon heimlich die fingerdicken Dinger; köstlich schmeckten sie, auch ungewaschen. Die roten Rüben dagegen waren langweilig, mußten erst gekocht werden. Der Sauerampfer in den Weiden hinter dem Garten, der war beliebt wie die gelben Frühbirnen, die nach einem Gewitterregen im Gras gefunden wurden. Den Sommer mit den saftigen, von Bienen umschwirrten Reineclauden, den Herbst der Zwetschen, Äpfel, Mispeln und Nüsse – das alles bescherte der Garten.

Der Mist kam aus dem Kuhstall, an der einen Seite des Gemüsegartens. Von dort ging es auf einen geräumigen, mit roten Ziegelsteinen gepflasterten Hof, dem eigentlichen Spielplatz der Kinder. Dieser Stall hatte zwei Räume. In dem einen stand die Kuh, und dort schliefen auch die Hühner in einem Gehege über der Futterkrippe; im anderen waren die Futterrüben gestapelt, und dort wurden auch die Gartengeräte aufgehoben. Über dem Ganzen war der Heuspeicher, auf den eine steile Leiter hinaufführte. Dieser Heuspeicher war der Ort vieler Kinderspiele, aber auch ein Ort geheimen Schauderns.

Er war dunkel, wenn die Fensterluken geschlossen waren, und in ihm hatte sich ein Ereignis abgespielt, das die Kindergemüter lange Zeit bewegte.

Russische Juden waren als Flüchtlinge von einem Pogrom gekommen, eine ganze Familie mit vielen Kindern hatten meine Eltern auf diesem Heuspeicher einige Tage beherbergt. Und in dieser Scheune wurde den Flüchtlingen ein Kind geboren, in Tücher gewickelt mag es wohl auch in der Krippe der Kuh gelegen haben, die im Sommer auf der Weide war. Jedenfalls mir erschien später die Geschichte des Jesuskindes in der Krippe ganz vertraut und gar nicht so außergewöhnlich. Das war ja *unsere* Geschichte des verfolgten Judenkindes, die wir selbst bei uns erlebt hatten. Das ewige Ereignis der Verfolgung der Unschuldigen wurde zum Symbol der Religion.

Diese Juden waren russische Juden, man half ihnen, so gut man konnte. Aber Rußland war ein barbarisches Land, weit weg von uns. Die Grausamkeit der Verfolgung streifte nur leicht unser Bewußtsein, die Leute wanderten weiter. Noch einmal berührte uns Kinder die Tragik des Judenschicksals. Meine Eltern nahmen ein wohl zehnjähriges Mädchen ins Waisenhaus auf, das aus einem Transport geretteter russischer Kinder kam. Dieses Mädchen war für uns eine Sensation. Als wir sie in der Sonne genau betrachteten, entdeckten wir eine Riesennarbe auf ihrem Kopf, die sie geschickt mit ihren dicken schwarzen Haaren zu verdecken wußte, aber auf Befragen gerne zeigte. Sie sprach »jiddisch«, das Judendeutsch der Ostjuden, mittelhochdeutsch mit russischen, polnischen und hebräischen Ausdrükken vermischt. Es amüsierte uns sehr, ihr zuzuhören, wenn sie erzählte: »Wir waren zehn Kindlach im Zuge: Aljoscha, Dimitri, Jossel, Tanja... und Schirwa, das bin ich.« »Schirwa, das bin ich«, wie wir sie gleich nannten, wurde schnell ein fröhliches Kind unter uns, die wir Bertha, Kurt, Erich, Emil und Mathilde hießen, und sie wechselte schnell zum rheinischen Dialekt. Sie ist später Schneiderin geworden, ich habe ihr Geschick aus den Augen verloren. Die Narbe hat sie behalten. Ein russischer Kosak hatte sie mit Petroleum übergossen und angezündet.

In unserem Gartenleben und bei den fröhlichen Spielen unserer Jugend haben wir es vergessen.

Die Magd, die den Garten umgrub und die Kuh versorgte, war ein rheinisches Bauernmädchen mit dicken roten Backen und kleinen Ohrringen mit glitzernden Steinchen. Sie hieß Stine, und ihre nicht ganz so rundliche Kollegin, die im Hause arbeitete, hieß Lieschen. Mit Stine durfte man im Winter mit einer Stallaterne im Dunkeln morgens in den Stall zum Kuhmelken. Der Geruch nach Kuh, das Geräusch der Milchstrahlen, die in den Eimer fielen, das Glucken und die Geräusche der oben in ihrem Schlafgehege erwachenden Hühner und das Mahlen der beim Melken an ihren Futterrüben schnalzenden Kuh – das sind so friedliche, unvergessene Erlebnisse, eng mit Garten und Weide und der niederrheinischen Landschaft verbunden.

Mit Stine und Lieschen durften wir manchmal auf die kleinen Bauernhöfe ihrer Eltern. Dort gab es die ordentlichsten Gemüsegärten, und in den nach Vieh riechenden Häusern wurden wir mit rheinischem Stutenbrot bewirtet.

Bei uns gab es zwischen Gemüsegarten und Weide den Rotbach, über den ein Brückchen führte. Dieser Bach ist heute längst kanalisiert in Röhren unter der Erde. Welch Kinderparadies wurde damit zerstört! Im Frühjahr wimmelte es im Bach von Kaulquappen, die wir einfingen und beobachteten, wie aus ihnen die Frösche wurden. Im Bach konnte man seinen Mut zeigen, wenn man auf Stelzen hindurchging. Und am Bach lernte ich das Gruseln, als jemand mir zutuschelte, daß die bösen Buben die Frösche mit Strohhalmen aufbliesen, bis sie platzten. Aber das vergaß man wieder, die blauen Vergißmeinnicht am Ufer, die leuchtenden Libellen, die ihre Eier im Wasser ablegten, die summenden Bienen, sie erfüllten unser Dasein.

Wenn man am schmalen Uferpfad des Baches weiterging, kam man zur Tante Mathilde. Sie wohnte in einem alten Häuschen, und ihr Mann war der Onkel Doktor, einer der drei Ärzte des Städtchens. Wie gern gingen wir zur Tante Mathilde!

Ihr Haus war so sauber und aufgeräumt, da tobte keine Kinderschar herum wie bei uns. Die beiden Cousinen waren stille, wohlerzogene Mädchen. Der große Garten war so ungemein ordentlich. Es gab einen Ziergarten mit einer Geißblattlaube, in der man im Sommer Kaffee trank, von dem eigentümlich süßen Duft der Geißblattblüten umgeben.

Und im Gemüsegarten gab es etwas, was wir nicht hatten: Erdbeerbeete. Die für uns seltenen Erdbeeren erschienen mir immer als die köstlichsten Früchte. Sie waren mit Stroh unterlegt, das sich so hübsch gelb von der schwarzgrauen Erde abhob, und darauf lagen die leuchtendroten Beeren. Die Himbeerhecke war voller Früchte, man konnte da ordentlich schwelgen. Unsere war fast immer geplündert, bis man hinkam. Auch große Süßapfelbäume gab es da, die wir nicht hatten. Und die Tante Mathilde hatte Zeit für uns, die meine Mutter nie hatte bei der großen Kinderschar. Da wurden Kartenspiele gespielt in dem kleinen Wohnzimmer mit den breiten Fensterbänken. Auf ihnen standen Blumentöpfe mit Frauenhaar im Wasser, schöne Geranien und Fuchsien. Wenn man Glück hatte, durfte man mit dem Onkel Doktor in der Kutsche, einem zweirädrigen Wagen mit Verdeck, vom Pferdchen Max gezogen, Krankenbesuche machen, nach Hiesfeld zur Zeche oder in den Bruch. Das Pferd war brav, man durfte die Zügel halten, bis der Onkel wieder aus den Häusern kam. Nie ist es mit uns durchgegangen. Es wurde auch gut gepflegt, wir durften es in der Remise mit Hafer füttern, der in einem Sack da stand, schöner hellgelber Hafer, der einem so glatt und kühl durch die Finger lief, wenn man in den Sack griff. Ein Hund bellte an einer Kette im Hof bei seiner Hütte, er mußte das kleine Anwesen bewachen. Er blieb uns fremd.

Wir dagegen hatten eine Menge Katzen zu Hause. Sie hielten das große alte Haus mit den weiten Dachböden mäusefrei. Vor allem aber waren sie die lebendigsten Spielzeuge für uns. Nicht Puppen lagen in unseren Puppenwagen, lebendige junge Katzen staken in den Puppenkleidern und rannten dann auf den Gartenwegen zu unserem Entzücken herum, wenn es ihnen gelungen war, sich zu befreien. Wir liebten diese Katzen, Grauchen, Rouje, Mimi. Wenn eine Katze krank war, herrschte Trauer, und wenn eine starb, gab es eine Beerdigung mit Grabhügel unter dem großen Birnbaum, wo wir unsere Kinderbeete hatten. Auf den kleinen Beeten zogen wir Radieschen und Kresse; groß wurde nie etwas darauf, weil man zu oft nachsehen mußte, ob die Radieschen schon dick waren. Wahrscheinlich war auch der Platz unter dem großen Birnbaum, der im Sommer kleine graue Birnen in großer Menge trug, zu schattig. Aber unvergeßlich ist dies Kindergärtchen mir doch geblieben, weil man da ganz allein wirken konnte, wie man wollte. Da wurde ein kleines Becken angelegt, mit Zechenschlacke bunt eingefaßt, das nahm die Frösche auf, die wir am Bach fingen, und manchmal auch kurzlebige kleine Fische.

Nebenan hatte ein Zigarrenmacher seinen Schuppen. Auf dessen altersgrauem Dach wuchsen Nester von Fetthennen, seltsame Gebilde, die unser Staunen weckten. Und dicht bei unserem Gärtchen gab es einen unvergeßlichen Strauch, der braunrote, exotisch duftende Rosettenblüten trug. Er roch nach fernen Ländern und wir haben ihn immer als etwas Ungewöhnliches empfunden. Es war wohl der Gewürzstrauch Calycanthus. Nie wieder habe ich einen gesehen, und ich wünsche mir heute noch, seinen Duft nach Ananas und Erdbeeren wiederzufinden.

Wenn die Kirschen reif waren, wurde ein Ausflug an den Rhein gemacht, alle Kinder zu Fuß, nach dem Ort mit dem schönen Namen Götterswickersham. Dort gab es Bauerngärten mit Kirschbäumen voll leuchtend roter Herzkirschen, die wir selbst von den Bäumen pflücken durften. Auch diese Bauerngärten sind unvergeßlich mit ihren sauberen Gemüsebeeten, eingefaßt von Blumenrabatten zu beiden Seiten des Weges, bunte Glaskugeln zwischen den Stauden.

Dahinter waren die Weiden, wie Gärten von Hecken eingezäunt, die fetten, grünen Weiden mit den friedlich grasenden schwarz-weißen Holländerkühen.

Und dahinter war der gewaltige Strom des Niederrheins, furchteinflößend. Es verschlug einem den Atem, wenn man diese Wassermassen unaufhaltsam grau strömen sah, das andere Ufer völlig unerreichbar für ein Kind. Noch nachts beim Einschlafen sah man ihn strömen, unter einem graublauen Himmel, sah die Windmühle am Ufer langsam ihre Flügel drehen. Aus diesem Strom also kamen die Fische, die von den Rheinfischern an den Haustüren im Städtchen angeboten wurden, schön verpackt in hellen Weidenkörben, glitzernde Neunaugen, die noch den Geruch des Wassers ausströmten.

Morgens beim Aufwachen hörten wir den Tritt der Zechenarbeiter, die mit ihren Henkelmännern schon im Dämmerlicht zur Zeche gingen. Dinslaken war ein altes Städtchen mit noch mittelalterlichen Kopfsteinpflastergassen, aber in seinen neueren Teilen war es doch schon geprägt von dem Charakter des aufstrebenden Industriegebietes mit seinen Fabriken, Zechen und Walzwerken. Mein Vater war Stadtverordneter und Schiedsmann und erzählte wohl von den Ereignissen in der Stadt. Aber für mich war es nur der Ort, wo man in die Schule ging, Graubrot beim Bäcker holte, dem Schützenumzug durch die mit jungem Birkengrün geschmückten Straßen zusah. Unsere Welt lag im Garten und auf den Weiden und Wegen der niederrheinischen Landschaft.

Wie friedlich sah Deutschland für ein Kind vor dem ersten Weltkrieg aus!

Wenn ich jetzt in Brasilien in unserem Holzhaus abends im Bett liege, oft niedergeschlagen durch die Zeitungsnachrichten von den Ereignissen in der Welt, dann gehe ich in den Räumen und in Gärten meiner Kindheit spazieren. Und dann höre ich den Star schmettern, wie er im Frühling schwarzglänzend auf dem Stänglein des Starenkastens hoch am Giebel des Hauses saß, vor ihm der schneeweiß blühende alte Birnbaum, der den geheimnisvoll süßen Duft seiner Blüten verschwendete. Dieser Star sang das Lob des Schöpfers aller Welten. Und da finde ich den Glauben an die Vollkommenheit der Schöpfung wieder.

TRIERER GÄRTEN DER SCHULZEIT

Im Jahre 1908 wurden in den größeren Städten Deutschlands die ersten Mädchen-Gymnasien geschaffen. Der Wunsch zu lernen war lebhaft in mir, und so verließ ich die »Höhere Töchterschule« in Dinslaken und kam mit dreizehn Jahren nach Trier auf das neu gegründete Mädchengymnasium.

Da war nun ein ganz anderer Garten hinter dem schönen Haus der Tante Clementine am Neumarkt. Er war nur mittelgroß und durch Steinmauern von den Nachbargärten getrennt, ein Stadtgarten. Eine neue Welt tat sich mir auf: Die Welt der Blumen. Viele Male sah ich die Dicentra spectabilis, das Tränende Herz, im Frühling seine zarten Blättchen und Glöckchen entwickeln, den großen roten Mohn im Sommer erstrahlen, die weißen, feierlichen Madonnenlilien ihre makellose Pracht entfalten. Heliothropbeete erfüllten diesen Garten mit dem zartesten Vanilleduft. Der Gärtner kam und schnitt die Rosenhecke, die den Garten zur gepflasterten Einfahrt abschloß. Es waren große rosa Rosen mit dem Duft der wilden Heckenrosen. Saubere Kieswege durchzogen den Garten.

Morgens in der guten Jahreszeit frühstückten wir an einem Steintisch unter einer blühenden Akazie. Das rosa karierte Tischtuch war handgewebt und von den Großeltern ererbt. Akazienblüten fielen in die Kaffeetasssen, und Barry, der gutmütige, riesige Bernhardinerhund saß dabei und bekam seinen Teil von den knusprigen Morgenbrötchen. Aber nur von der gebutterten Seite, aus dem roten Gelee der Johannisbeeren machte er sich nichts.

Haselnußbüsche wuchsen an der Mauer zum Nachbargarten, im Herbst mit den glatten, braunen Haselnüssen besetzt, die frisch so süß schmecken. Roßkastanien trennten die Einfahrt von dem großen Nachbargarten des Bürgervereins. Aus diesem Garten habe ich zum ersten Mal an einem Abend das Schlagen einer Nachtigall gehört. Von meinem Schlafzimmer aus sah ich im Frühjahr in die rot- und weiß blühenden Roßkastanien, in denen die ersten Bienen summten, und im Herbst sammelten wir die glatten, glänzenden braunen Früchte, die sich so schön in der Hand anfühlen.

An dem Steintisch unter der Akazie sann ich dem ersten Traum von Liebe nach, er galt einem kleinen Fahnenjunker. Trier war ja Garnisonsstadt. Wir hatten einen Abend lang miteinander getanzt, er in seiner schmucken Uniform und ich in einem neuen weißen Stickereikleid.

Die großen Spaziergänge mit der Freundin Hede, das war unser wahres Leben. Das Moseltal bei

Trier is ja wie ein Garten zu schauen. Wir wanderten in den Buchenwäldern des Kockelsberges, im Frühling so lieblich belaubt, im Herbst mit den raschelnden gelben Blättern unter unsern Füßen.

Die Mosel umschließt die alte Stadt mit einem zärtlichen Bogen, die vielen alten Kirchen grüßen zu uns herauf. Oben am Kockelberg gab es einen Platz, der von uralten Eichen umrahmt war, das war unser Waldgarten. Es roch dort herrlich nach Pilzen und Walderde. Oder wir wanderten den Petersberg auf der anderen Seite der Stadt hinauf, durch die gepflegten Weingärten, durch Wiesen, die von Apfelalleen begrenzt waren. Diese Äpfel wurden im Herbst zu »Viez« verarbeitet, so heißt der Apfelwein im Moseltal. Wir tranken ihn nur gern süß vor der Gärung. Am Petersberg hatten wir dazu noch die große Chance, unsere dort wohnende verehrte Klassenlehrerin auf einem Spaziergang zu treffen.

Dann gab es den Spaziergang zu den Matheiser Weihern, dessen Ufer wir erforschten, denn wir beide waren schon der Naturwissenschaft verschworen. Da wurden am Ufer Köcherfliegen gesammelt, Stichlinge eingefangen, Frösche beobachtet. Über den Weihern schwebten zahllose schillernde Libellen, deren Flug zu bewundern man nicht müde wird.

Trier liegt geschützt vor kalten Winden zwischen den Moselbergen. Die Sommer sind warm, manchmal drückend. Das mögen die Weinreben gern, und

die Moselweine sind berühmt in der ganzen Welt. Auch an der Steinveranda unseres »kleinen Eßzimmers« in Tante Clementines Haus wuchsen Trauben, zwei alte Stöcke von Muskateller. Im Frühjahr genoß man die Morgensonne auf der kleinen Terrasse mit dem süßen Duft der Weinblüte. Sie wirkt unscheinbar, zartgrün, aber ihr Duft ist eindringlich und mit keinem anderen Duft auf der Welt zu verwechseln.

Hier in unserm brasilianischen Garten haben wir einen Laubengang mit dreißig Weinstöcken verschiedener Sorten. Wenn ich im brasilianischen Frühling, im September, durch den Gang gehe und den süßen Duft der Traubenblüte rieche, dann sehe ich den Trierer Garten, sehe die Mosel zwischen den mit Wein bepflanzten Hügeln und Bergen fließen. Ein von den Zeiten unabhängiges Wohlbehagen erfüllt mich, ewige Natur, in der wir eine kurze Spanne verweilen und leben dürfen. Dies Gefühl, ein Teil der Natur zu sein, habe ich schon damals auf der weinberankten Terrasse gehabt, wo wir dann im späten Herbst die rötlichen Muskatellertrauben ernteten. Sie fühlen sich so fest an, haben eine dicke Schale und sind recht ein Urtyp von Weintraube, duftend und schön anzusehen. Man zögert sie zu essen, sie schmecken nicht sonderlich süß.

Von unsern großen Spaziergängen kamen wir glücklich und müde nach Hause, zur Tante Clementine oder zu Hedes Eltern. Hedes Vater war wie mein Vater Lehrer und ich wurde in dem kinderreichen Haus wie eine Schwester aufgenommen. Von Hedes Zimmer oben im Haus sah man in ihren kleinen Garten, voll von Obstbäumen. Sein Lob soll doch gesungen werden. Er beherbergte einen Mirabellenbaum, dessen köstlich-süße Früchte bei Hedes

Eltern in allen Formen auf den Tisch kamen, roh, als Kompott und zum Nachmittagskaffee als Marmelade. Ich fühlte mich bei Hedes Eltern zu Hause. Katholisch oder jüdisch, das machte keinen Unterschied in der menschlichen Achtung und in der Auffassung von der göttlichen Ordnung der Welt. Das Aschenkreuzchen an Hedes Stirn nach der Messe am Aschermittwoch besah ich mit scheuer Achtung vor dem mir fremden Brauch. In die Kirche ging ich nicht mit Hede. Ich hatte mich schon früh zu einer von den überlieferten Religionen losgelösten religiösen Auffassung durchgekämpft. Etwa im Sinne der Hypsistarier, einer religiösen Sekte des 3. Jahrhunderts, deren Lehre in einem Gemisch von Heidentum und Judentum bestand. Ihren Namen hat sie aus dem Griechischen von der Verehrung des *einen* Gottes. Erst im höheren Alter in Brasilien, wo für meinen Mann und mich Goethe so recht zu einer Leitfigur unseres Lebens wurde, haben wir eine Stelle in einem Brief Goethes aus dem Jahre 1831 an seinen Freund Boisserée gefunden, die ich doch hierhersetzen möchte, denn sie ist mir sehr bestätigend gewesen:

»Des religiösen Gefühls wird sich kein Mensch erwehren... von der Erschaffung der Welt an habe ich keine Konfession gefunden, zu der ich mich völlig hätte bekennen mögen. Nun erfahre ich aber in meinen alten Tagen von einer Sekte der Hypsistarier, welche, zwischen Heiden, Juden und Christen geklemmt, sich erklärten, das Beste, Vollkommenste, was zu ihrer Kenntnis käme, zu schätzen, zu bewundern, zu verehren, und insofern es also mit der Gottheit im nahen Verhältnisse stehen müsse, anzubeten. Da ward mir auf einmal aus einem dunklen Zeitalter ein frohes Licht, denn ich fühlte, daß ich zeitlebens getrachtet hatte, mich zum Hypsistarier zu qualifizieren, das ist aber keine kleine Bemühung...«

Die breiten städtischen Anlagen, die den alten Stadtkern von Trier umgeben, und damit die römischen Reste der Stadt, die Porta Nigra, die Kaiserthermen und die alten Stadtmauern umfassen, machen auch heute noch Trier zu einer der anmutigsten Städte Deutschlands. Diese Anlagen mit den vielen Kastanien führten fast bis an die Ruinen des alten römischen Theaters, einen riesigen Rundkreis, heran.

Bei diesem Theater lag die Gerberei für Schuhleder, die meiner Tante Clementine gehörte. Von weitem schon roch man die Lohe, die Eichenrinde, mit der das Leder in Fässern gegerbt wurde.

Auch bei dieser Gerberei gab es einen großen Garten. Er war etwas ungepflegt, große Rasenflächen, in denen dunkle, hohe Zypressen standen. Im Frühjahr wuchsen im Gras die Veilchen dicht beieinander, man konnte dicke Sträuße von ihnen pflücken. Niemand störte einen dabei, denn der Garten mit seinen Bänken aus Holz war geheimnis-

voll verlassen; ich habe nie dort einen Menschen getroffen. Er paßte zu den verlassenen und überwachsenden Theaterstufen des römischen Amphitheaters dicht daneben.

In den Anlagen lag auch das historische Museum von Trier. Dessen Direktor Krüger und seine schöne Frau hatten sich unserer Schulklasse besonders angenommen. Durch sie lernten wir die römischen Altertümer kennen, an denen Trier so reich ist, daß man es wohl das kleine Rom nennen mag. Jedenfalls begegnet einem dort das römische Erbe auf Schritt und Tritt, auch in dem Schnitt der Gesichter seiner Bewohner. Wir hatten ein Hausmädchen aus der Eifel, mit einer Krone von schwarzen Haaren und stolzer Haltung, sie glich einer Frau aus dem antiken

Rom. Mit Krügers wanderten wir zur »Igeler Säule« in den Moselbergen – heute steht das römische Original im Garten des Museums; mit Krügers buddelten wir in den Moselbergen römische Scherben aus und bestimmten ihre Herkunft.

Wir haben Trier noch manchmal auf unsern Europareisen nach dem zweiten Weltkrieg wiedergesehen, denn die Schulfreundin Hede lebt noch in Trier in dem alten Haus ihrer Eltern. Im Gärtchen steht noch immer der alte Mirabellenbaum. Wir sind über die Brot- und die Fleischstraße gegangen, über den Kornmarkt mit dem alten Marktkreuz. Der Dom, Liebfrauen, die alte römische Basilika und die anderen schönen Kirchen haben die Naziherrschaft und die Bomben des zweiten Weltkriegs überlebt, und Trier hat als Stadt wie wenige deutsche Städte seinen Charakter behalten. Das Haus der guten Tante Clementine ist den Bomben zum Opfer gefallen. Vom Nachbarhaus sahen wir in den alten Garten. Er kam mir ganz klein vor, erdrückt von neuen hohen Häusern, die ihn einzwängen. Aber die Akazie meiner jungen Jahre stand in voller Blüte an ihrem alten Platz, ein mächtiger Baum nun, und ich glaubte, ihren Duft zu spüren.

FRANKFURT UND SEINE GÄRTEN

Meine Eltern zogen nach ihrer Pensionierung nach Frankfurt am Main, und so habe ich die letzten Gymnasialjahre in Frankfurt erlebt. In der Stadt zu wohnen, in der Paul Ehrlich am Speyer-Institut seine bedeutenden Arbeiten zusammen mit dem Japaner Hata veröffentlicht hatte, in der es den Palmengarten gab, großartige Stadtanlagen, den Zoologischen Garten, eine Stadt, in der ein vielfältiges und lebendiges geistiges Leben herrschte, das gab meinem Leben einen ungeheuren Auftrieb. Wir wohnten direkt gegenüber dem Zoo und sahen von unsern Fenstern aus in sein Grün. Der Zoo war 1913 noch nicht so großartig, wie er das später unter der Leitung von Grzimek geworden ist, aber er hatte auch schon herrliche grüne Rasenflächen mit alten Baumbeständen, Wasseranlagen und bunte Blumenbeete, die einen ein wenig darüber trösteten, daß die Tiere so eingesperrt leben mußten. Gleich am Eingang standen die seltsamen Flamingos in ihrem Teich, Papageien begleiteten die Wege mit munterem Kreischen, gaben Sehnsucht nach den fernen Ländern, aus denen sie kamen. Damals ahnte ich nicht, daß wir sie einmal in Freiheit im Urwald Brasiliens bewundern würden.

Frankfurt war bis zum zweiten Weltkrieg eine wirklich schöne und interessante Stadt, noch die Stadt Goethes, herrlich gelegen zwischen Taunus, Odenwald, Spessart und Vogelsberg. Den fehlenden Garten unserer Mietwohnung ersetzten mir die Wege durch die städtischen Anlagen, die die ganze Innenstadt umgaben. Sie waren nach der Schleifung der Stadtmauern Anfang des 19. Jahrhunderts auf den alten Wällen angelegt worden, hatten schöne Baumbestände von Ulmen, Akazien, Kastanien, hatten Teiche und romantische Gartenhäuschen. Und dann gab es den Main, der mitten durch die Stadt fließt. Und an seinem nördlichen Ufer liegt das »Nizza«. Im Frühjahr erschienen in dieser sehr geschützt tief gelegenen Anlage die ersten Forsythienblüten, Schneeglöckchen und die ganz frühen Hybridtulpen. Auf den Bänken des Nizza konnte man schon im März in der Sonne sitzen und die blühenden Magnolien bewundern, auf das strömende Wasser sehen, das damals noch nicht so trüb war wie heute, lesen, Schulaufgaben machen und – träumen. »O gib mir auch die Zeiten wieder, da ich noch selbst im Werden war.«

In der Schiller-Schule habe ich liebe Mitschülerinnen gefunden. Unsere Prima war lebhaft und ausgelassen, fast alle waren gute Schülerinnen. Ein unvergeßliches Erlebnis ist mir die Abschiedsfeier

für die Oberprima im Frühjahr 1914 geblieben, bei der die Abiturientinnen Hoffmannsthals »Jedermann« aufführten und zum Schluß alle mit roten Rosenkränzen im Haar auf die Bühne kamen, eine blühende Schar schöner Mädchen.

Niemand ahnte noch die Schrecken des ersten Weltkrieges, die dann gerade unsere Generation so schwer getroffen haben.

Schillers »Ästhetische Briefe« waren ein Aufsatzthema unserer Klasse, das uns große Probleme stellte, die ich mit meiner Freundin Lotte auf langen Spaziergängen in den Anlagen zu lösen versuchte. So klug wie mit siebzehn ist man ja später nie mehr.

Das Thema dieser schwierigen Briefe ist für mich noch immer verbunden mit den Weihern, den herrlichen Ulmen und Buchen der Frankfurter Anlagen. Im »Senckenberg« habe ich damals schon zoologische Kurse mitgemacht, Frösche und Ratten seziert, das großartige naturwissenschaftliche Museum kennen und lieben gelernt. Die Stadtbibliothek war in einem schönen Gebäude mit klassischen Säulen direkt am Mainufer untergebracht, ihr verdanke ich ungestörte Lesestunden und viele Spaziergänge am Mainufer und durch die geschichtsträchtige Altstadt Frankfurts. Wenn wir »Dichtung und Wahrheit« lasen, so war das ja Heimatkunde, und man konnte im »Goethehaus« (im Hirschgraben), dem schönen Bürgerhaus mit seinen breiten, behaglichen Treppen und Vorplätzen, dem Gärtchen und dem berühmten Brunnen alles das leibhaftig sehen, was Weltliteratur geworden ist. Nur den Ausblick in die Gärten, der Goethes Sehnsucht in die Welt geweckt hat, den gab es nicht mehr. Der war zugebaut. Aber Goethes Spaziergänge zum Sachsenhäuser Berg, zum Mühlberg, die konnte man erwandern, denn Frankfurt war vor dem ersten Weltkrieg noch von einem Kranz von Gärten und Äckern umgeben. Da gab es den nahe gelegenen Stadtwald mit herrlichen Kiefernbeständen, mit Schneisen durch dichtes Tannengrün, und dann gab es vor allen Dingen den Palmengarten. Wieviel Glück in meinem Leben verdanke ich dem Palmengarten mit seinen Gewächshäusern, seinen Rosen- und Blumenanlagen, seinen alten Rotbuchen!

Als wir nach unserer Auswanderung im Jahre 1938 zum erstenmal 1957 wieder nach Deutschland zu Besuch kamen, da waren es die alten Freunde, die die Schrecken der Nazizeit und des Krieges überlebt hatten, da war es das Goethehaus und da war es der Palmengarten, die uns das Gefühl von Verbundenheit wiedergaben.

Nach dem Abitur 1915 in der Notzeit des ersten Weltkrieges habe ich noch zwei Semester in Frankfurt studiert: Philosophie bei Professor Hans Cornelius und Mathematik bei Professor Schönflies, beiden Lehrern habe ich viel zu verdanken.

STUDIENZEIT IN MÜNCHEN – HILFSDIENST ALS GÄRTNERIN

»Damit ich sehe, was die Welt im Innersten zusammenhält« – dies vermessene Faustwort treibt den jungen Menschen an. Durch Cornelius kam ich dann nach München zum Studium der Chemie. Dort fand ich in Willstädter einen großen Lehrer, bei dem das Studium der Grundstoffe, die die Erde aufbauen, zu einem immer erregenden Erlebnis wurde. Nur ungern ließ er seine Studenten sonntags in die Berge wandern, das fand er Zeitverlust. Aber in der drückenden Atmosphäre des Krieges waren Wandern, Bergsteigen und Skilaufen im Winter eine notwendige Entspannung. Ich lernte zum erstenmal das Hochgebirge kennen. Die Alpenblumen im Frühling, der erste Enzian, das Edelweiß, die Berganemonen, die Alpenrosen, wieviel Glücksgefühl haben sie ausgelöst! So eine Alpenwiese mit ihrem Geröll und ihren so mannigfaltigen Blumen war ein köstliches Erlebnis, ganze Blumengärtchen fand man am Abschluß der Gletschermoränen. An manchen Sonntagen schloß ich mich den Botanikstudenten unter Leitung des Botanikprofessors auf ihren Wanderungen an und habe viel dabei gelernt. Aber das war anstrengend, denn man blieb da nicht auf den Wegen, sondern ging den Pflanzen nach über Geröll und oft sehr steile Hänge. Doch sind mir gerade diese Ausflüge eine liebe Erinnerung geblieben.

Während meiner vier Semester in München habe ich immer dicht beim Englischen Garten gewohnt. Sein Lob soll gesungen werden. Selbst heute, wo München eine laute Großstadt geworden ist, von Autodunst erfüllt, ist der englische Garten immer noch Münchens schönste Zier. Von munteren Gebirgswassern durchströmt, ist er namentlich im Sommer mit seinen großen blühenden Wiesen unverfälschte Natur, und man spürt die Nähe der großen Berge. Schöne Baumgruppen zieren die riesigen Rasenflächen, gepflegte Wege zum Spazierengehen durchziehen ihn. Lange Wanderungen haben Hede und ich dort gemacht, durch die Hirschau zum Aumeister, wo man bescheiden zu Abend essen konnte, dunkles Brot mit einem Stückchen Käse. In der Würm war ein wundervolles Schwimmbad, ich fuhr morgens vor dem Labor mit dem Fahrrad hin, das Gebirgswasser war eiskalt und machte die Haut rot und kribbeln, herrlich war das. Und wie könnte ich die Gärten am Starnbergersee beschreiben mit ihren unglaublich blauen, hohen Rittersporen, den blühenden Tulpen im Frühjahr. Einen Sommer lang hatte ich bei einer Freundin, die Musik studierte, in Possenhofen am See ein

Zimmer gemietet. Unsere Zimmer lagen an einer Kastanienallee, die zum Schloß führte, in einem sehr bayrischen Holzhaus mit grünen Fensterläden und Veranden vor allen Zimmern. Lange Sonntage wanderten wir in den herrlichen Buchenwäldern, spielten abends Beethovensonaten. Bei Gertrud lernte ich Oscar von Miller kennen, den Schöpfer des großen Naturkundemuseums. Er war damals schon ein älterer Herr, der uns junge Dinger auf langen Spaziergängen mit seinen Ansichten sehr beeindruckte. Er tat alles, um uns vom Studium abzubringen und uns zu erklären, daß Frauen andere Aufgaben haben. Damals hat mir das nicht eingeleuchtet, aber später, als ich verheiratet war und das Studium aufgegeben hatte, habe ich oft an diese Gespräche denken müßen und daran, ob und wie er wohl recht gehabt haben mag? Ich bin oft in das Deutsche Museum auf der Isarinsel gegangen und habe viel dabei gelernt.

Wie ein Alp lag das Kriegsgeschehen auf uns jungen Frauen. Da kamen die Nachrichten über Schulfreunde, die gefallen waren, da verlor eine verlobte Freundin ihren Liebsten. Die anfängliche Kriegsbegeisterung, die in den Schulen und auch in unserer Frankfurter Schiller-Schule in ganz übertriebener Weise angefacht wurde – wir Primanerinnen sollten morgens mit »Gott strafe England« die Schulstunde beginnen, (wir taten es nicht, muß ich zur Ehre unserer Klasse sagen) – diese Begeisterung wich einer dumpfen Trauer über das furchtbare Geschehen an allen Fronten. Wie wenig politische Schulung wir besaßen, habe ich dann erst später im Zusammenleben mit meinem Mann, der immer ein politischer Mensch war, so recht erfahren. Die Fragen des Staates, der menschlichen Gemeinschaften und des Zusammenlebens der Völker sollten einen breiten Raum in der Erziehung jedes jungen Menschen einnehmen.

Wir Studentinnen wurden im »Rübenwinter« 1917 von der Universität München zum »freiwilligen Hilfsdienst« aufgerufen. Beglückt, auch endlich etwas für die Allgemeinheit tun zu können, meldeten wir uns in großer Zahl beim Rektor der Universität. Man sollte entweder in Munitionsfabriken arbeiten oder in der Landwirtschaft die fehlenden männlichen Hilfskräfte ersetzen. In Lazaretten arbeiteten schon einige meiner Mitschülerinnen als Hilfsschwestern.

Für mich war natürlich die Wahl leicht, ich kam zu einem Gärtner nach Milbertshofen als Landarbeiterin, bezahlt wurden uns 2,50 M am Tag. Heute ist Milbertshofen ein Teil von München.

Der damalige Rektor der Universität war kein Freund des Frauenstudiums. »Sie werden sehen, meine Damen«, sagte er, »dies wird für Sie die nützlichste Zeit Ihrer Ausbildung sein.« Ich war empört, denn ich war eine begeisterte Chemiestudentin und verbrachte den ganzen Tag in den

Laboratorien und den Vorlesungen. Wenn morgens Professor Willstädter, den wir den »lieben Gott« nannten wegen seines würdevollen Auftretens – er hatte damals schon den Nobelpreis für seine Arbeiten über das Chlorophyll bekommen – durchs Laboratorium ging, auch die Anfänger-Studenten mit Fragen anregend und ermutigend, dann schlug mein Herz höher. Madame Curie, die Kowalewska, Liesel Meitner, die uns einmal im Laboratorium bei Willstädter besuchte, sie waren meine Vorbilder. Und nun sollte mein Leben als Gärtnergehilfin, eine Opfertat, etwas sein, was von Wichtigkeit für mein ganzes Leben würde? Es wurde es, und später habe ich oft daran zurückgedacht.

Weg von der Stadt, weg vom Studium der Elemente, weg von Musik und Theater, weg von dem Freundeskreis – war ich wieder im Garten, es war eine Gemüse- und Blumengärtnerei mittlerer Größe, in der wir fünf deutsche Studentinnen und fünf bulgarische Studenten und Studentinnen, die durch den Krieg in Deutschland gestrandet waren, zu arbeiten hatten, acht Stunden am Tag. Es war Februar und noch sehr kalt. Die Mistbeete wurden gerichtet, in denen das junge Gemüse angezogen wurde. Es war eine schwere Arbeit, die Karren mit der schwarzen Düngererde zu fahren und zu laden. Unser »Chef« verlangte etwas von uns für die 2,50 M, die wir täglich verdienten. Ich wohnte in der Gärtnerei in einem primitiven Zimmerchen, in dem es nach Mist und Erde roch. Essen gab es in einer Wirtschaft dicht bei der Gärtnerei, so recht bayrisch: Knödel, Geselchtes und dazu Bier, für die Kriegszeit alles sehr nahrhaft. Die Arbeit in den Gewächshäusern war leichter: Tulpenzwiebeln und Veilchen topfen, Zyklamen gießen und lüften. Ich höre noch den Ruf: »Fräulein, sehen Sie denn nicht, daß man Luft bei die Zyklamen geben muß?« Endlos Unkraut hacken, endlos im scharfen Märzwind Rosen schneiden, auch wenn die Finger schon zerstochen waren von den Dornen. Spinat jäten, der durfte nicht gehackt werden, sondern man mußte gebückt das Unkraut ziehen, und das acht Stunden am Tag.

Wir lernten, wie es dem Arbeiter zu Mut war, der nur seinen kargen Lohn hatte und sich ausgebeutet fühlte. Wir lernten im Umgang mit dem Gärtner und den Wirtsleuten das Leben der einfachen Leute aus der Nähe kennen. Wir lernten auch die kleinen Betrügereien: wie der Spinat vor dem Verkauf gewässert wurde, um ihn schwerer zu machen, wie eine abgebrochene Palme mit einem Draht im Innern wieder »ganz« gemacht wurde.

Es machte natürlich Spaß, in blauer Gärtnerjacke mit dem Gemüsekärrchen in die Stadt zu fahren und die Chemiestudenten in der Arcisstraße 1 im Laboratorium zu besuchen.

Wir lebten in einem anderen München als die Studenten, mit einer anderen Schicht verbunden, dicht am bayrischen Boden, in ganz neuen Erfahrungen des Lebens.

Doch sie hielten uns nicht lange gefesselt. Im nächsten Semester kehrte ich wie fast alle Kommilitonen ins Laboratorium der Chemie und der Physik zurück. Wir empfanden es als Befreiung und als Glück, wieder studieren zu können. Wieder gab es an den Wochenenden die herrlichen Ausflüge ins Hochgebirge oder in die Voralpen mit den üppigen Blumenwiesen und den schönen Wäldern, es gab wieder die Gärten bei den Freunden am Starnberger See.

Der Krieg nahm seinen unheilvollen Fortgang und verdüsterte auch das schöne München. So kehrte ich 1917 nach dem Abschluß des »Verbandsexamens« bei dem verehrten Meister Willstädter gern in das warme Elternhaus nach Frankfurt zurück.

WIEDER IN FRANKFURT – EIGENE GARTENANLAGEN

Und wieder war es ein Garten, der meinem Leben Glück und Glanz verlieh. Ich schloß mich dem »Blau Weiss« an, einer jüdischen Jugendbewegung. Das Ziel war, zurück zu den Quellen zu finden, die uns Leben gaben: Natur, Religion, Lebensgemeinschaft. Der »Blau Weiss« war 1917 noch nicht so zionistisch ausgerichtet, wie er das später wurde. Nur die wenigsten dachten damals an »Die Heimstätte für das jüdische Volk« in Palästina. Auf unsern Wanderungen im Taunus, im Vogelsberg und Spessart sangen wir die Lieder des Zupfgeigenhansels:

Vom Barette schwankt die Feder
Daß Du min Lievsten bist...
Im Frühtau zu Berge wir ziehn...

An den Heimabenden bewegten uns die Aussprachen über Judentum und Deutschtum, das gab Probleme, aber an radikale Lösungen haben wir damals nicht gedacht.

Mir als Führerin einer Gruppe lag vor allem daran, die sehr verstädterten jungen jüdischen Menschen Frankfurts zur Natur zurückzuführen.

Und deshalb legten wir in einem Gelände, das die Stadt uns im Nordwesten zur Verfügung stellte – es hatte den schönen Namen Hundswiese – einen Kleingarten an, mit Laube, Bänken und Gemüsebeeten, Beerensträuchern und Zwergobst. Nun konnte ich meine in der Münchener Gärtnerei erworbenen Kenntnisse anwenden, und vielleicht denkt noch manchmal ein jetzt alter Mensch in Israel an unsere schöne Zeit auf der Hundswiese mit Gärtnern, Singen und einem so guten Gefühl der Zusammengehörigkeit.

Mich hätte diese Gemeinschaft fast das Glück meines Lebens gekostet, denn sie nahm viel von meiner Zeit in Anspruch. Im physikalisch-chemischen Institut der Universität arbeitete ich mit Feuereifer an meiner Doktorarbeit über Mischkristalle. Stunden des Tages waren dem Klavierspiel gewidmet, die großartigen Konzerte der Museumsgesellschaft durften nicht versäumt werden, eine große Liebe zu einer Malerin hielt mich in Bann.

So lehnte ich die Einladung einer Schulfreundin ab, mich einem philosophischen Kreis anzuschließen, der sich mit den Rechtslehren von Fries und später mit Platons »Staat« auseinandersetzte. Die jungen Menschen, die sich dort zusammenfanden, waren alle vom Krieg gezeichnet. Die Männer kamen von der Front – es war im Januar 1919 –, die Studentinnen waren dabei, sich in einer durch den Krieg völlig veränderten Welt einen Lebensweg zu suchen. Es ist sicher ungewöhnlich, aber alle diese Menschen, die sich damals zusammenschlossen, sind ihr ganzes Leben lang in Kontakt geblieben, haben ein reiches Leben gehabt, wenn auch keiner so berühmt wurde wie später Carl Zuckmayer. Diese Abende leitete mein späterer Mann Max Hermann Maier, ich bin einmal dort hingegangen, um dann für immer an seiner Seite zu bleiben.

Gartenglück, wer es erlebt, der spürt, wie es uns zu den Quellen des Daseins führt. Was Goethe in seinem Garten vor den Toren Weimars erlebte, das ist beispielhaft. Ich habe manchmal in New York in einer schönen Etagenwohnung gelebt, Zugang zu all den kulturellen Genüssen gehabt, die diese gewaltige Stadt zu bieten hat. Aber wie bedaure ich die Menschen, die ohne Garten leben müssen. Wie hat es mich gerührt, zu sehen, wie solch ein Bewohner von Greenwich Village, einer guten Wohngegend mit noch niedrigen Mietshäusern, sich ein paar Selleriestauden an den Rand des Bordsteins an seinem Haus gepflanzt hat, wie hinter den vergitterten Fenstern bescheidene Blumentöpfe von den Sehnsüchten der Bewohner Zeugnis ablegen.

1918 ging der zerstörerische, sinnlose Krieg zu Ende, in seinem Gefolge gab es Arbeitslosigkeit, Hunger und Inflation in Deutschland.

Aber wenn wir auch verarmt waren, wir waren nicht hoffnungslos, wir waren voll Eifer, eine neuere, bessere Welt aufzubauen, eine Welt der Verständigung zwischen den Völkern, eine Welt der sozialen Gerechtigkeit, der biblischen Vision, daß jeder in Frieden unter seinem Feigenbaum sitzen dürfe.

Im Mai 1920 haben wir geheiratet. An eine eigene Wohnung war bei der großen Not nach dem Kriege nicht zu denken, wir zogen zu den Eltern Maier in ihre sehr geräumige Wohnung in die Hochstraße 6. Sie hatte den Ausblick auf die Eschenheimer Anlage und auf einen baumreichen Garten auf der alten Stadtbefestigung. Nach den napoleonischen Kriegen wurden die Stadtmauern des alten Frankfurt geschleift und um den Kern der alten Stadt entstanden großartige Anlagen, ein Grüngürtel, der mit seinen Bäumen, Rasenflächen, Teichen und Blumenbeeten Frankfurt zu einer angenehmen Stadt gemacht hat. Bäume werden ja im Gegensatz zu den meisten anderen Lebewesen im Alter immer schöner. Wie wohltuend war es, in der Morgensonne auf dem großen Balkon in die blühenden Kastanien zu sehen, im Herbst in das bunte Laub, im Winter in das Filigran des Geästs. Im Parterre war das berühmte Antiquariat und die Buchhandlung von Joseph Baer. Im Garten wuchsen unter den alten Kastanien Schneerosen, sie kamen wirklich mit ihren prächtigen weißen Blüten aus dem Schnee, der erste Gruß des kommenden Frühjahrs. Auf dem Balkon zogen wir Geranien und Fuchsien, und

Mutter hatte ganze Blumenbänke voll Topfpflanzen. Wenn ich zurückdenke: Das war eine sonnige, der Natur verbundene Wohnung. In ihr haben wir die schreckliche Geldinflation Deutschlands in den zwanziger Jahren nach dem verlorenen Krieg bestanden, die Verarmung unserer bürgerlichen Schicht, Mutters plötzlichen Tod.

Alles überstrahlte unsere Liebe.

Eine aufblühende Anwaltspraxis nahm meinen Mann die ganze Woche in Anspruch, er liebte seinen selbstgewählten Beruf, der ihn mit weiten Kreisen und mit der Verwaltung der Stadt Frankfurt in Berührung brachte, wir hatten einen wunderbaren Freundeskreis, gesellige Abende.

Aber die Sonntage waren den Wanderungen bestimmt: in die Rhön, aus der die Familie meines Vaters stammte, in den Vogelsberg, den Spessart, den Taunus und in den Odenwald. Mit dem Städtchen Michelstadt verbanden uns besondere Erinnerungen. Dort hatte ein Vorfahr meines Vaters im vorigen Jahrhundert gelebt, der den Ruf eines Wunderrabbis hatte. Viele Geschichten wurden aus seinem Leben erzählt, und noch heute befindet sich an dem Haus in Michelstadt, in dem er gelebt und seine Talmudschule errichtet hatte, eine Plakette zu seiner Erinnerung. In den Wäldern des Odenwaldes spielt eine der Erzählungen, wie der »Schinderhannes«, der Räuber, der nach den Wirren der napoleonischen Kriege die Gegend unsicher machte, ihm versprechen mußte, Leben und Gut der Juden zu schonen, die durch dieses Gebiet zur Frankfurter Messe reisen mußten. Der Schinderhannes erfreute sich beim einfachen Volk eines gewissen Rufes, daß er nur die Reichen beraube und das gedrückte Volk schone. Der Rabbi wurde vom Schinderhannes angefallen, als er mit einem Freund in einem Kütschchen unterwegs war und 200 Gulden bei sich trug, die er gesammelt hatte, um unschuldig gefangen gehaltene Juden beim Fürsten von Dalberg auszulösen. Es gelang, den Schinderhannes, der sich selbst Johannes vom Walde nannte, zu fesseln und an einen Baum zu binden. Offenbar machte die Person des Rabbis, der gütlich mit ihm sprach, einen so tiefen Eindruck auf den Räuber, daß er ihm versprach, nie wieder einem Juden etwas zu Leide zu tun, den Juden, die selbst zu den immer Verfolgten gehörten.

Arbeitslosigkeit und Inflation waren in Deutschland bis zur Stabilisierung der Währung Ende 1923 sehr bedrückend. Es ging uns wirtschaftlich elend schlecht. Ich erinnere mich, daß ich Vorkriegsreitstiefel an einen Amerikaner für einen Dollar verkaufen konnte, und davon haben wir einen ganzen Monat lang gelebt.

Die berühmten Zwanziger Jahre brachten wirtschaftlichen Aufschwung und kulturellen Reichtum. Wir konnten einen Bauplatz im Nordosten der Stadt, im sogenannten »Rote-Tinte-Viertel« kaufen. Den Namen hatte die Gegend von den vielen Lehrern, die dort wohnten. Wir bauten unser Haus in der Kleebergstraße, nahe beim Holzhausenpark, in einer kleinen, fast unbebauten Straße, an deren Rändern noch das Gras wuchs.

Zum erstenmal in unserem gemeinsamen Leben gehörte uns ein Stück Erde zu eigen, 999 Quadratmeter... Ich vergesse nie, wie ich die lehmige gelbe Erde zum erstenmal zwischen den Fingern fühlte und wie das Bild eines Garten vor mir erstand, der aus dieser Erde kommen sollte. Mein eigener Garten. Im Frühjahr 1926 konnten wir in das hübsche, geräumige Haus einziehen, das eine große Steinterrasse an der Südseite zum Garten hin hatte.

Anfang der zwanziger Jahre erschienen die Gartenbücher von Karl Foerster und die Zeitschrift »Gartenschönheit«. Für mich eröffneten sie eine neue Welt. Noch heute – nach über fünfzig Jahren, alle Foerster-Bücher sind mit uns ausgewandert – kann ich sie nicht ohne tiefe Bewegung ansehen. Das intensive Bemühen, alle Pflanzenschönheit der Welt zu sammeln, den Gartenfreunden zugänglich zu machen, beschreibend, durch Fotos und Bilder von Pflanzen erläuternd, man wird nicht müde, daraus zu lernen.

In München hatte ich bei dem Bruder Karl Foersters, Friedrich Wilhelm Foerster, Vorlesungen gehört. Er war damals im Krieg mit seinen unbedingt pazifistischen Ansichten einer der umstrittendsten

Münchener Professoren und hatte unter schweren Angriffen zu leiden. Er sah aus wie eine Prophetenfigur, man mußte einfach an Jesus denken. Und er wagte es, den rasenden Kriegsbegeisterten entgegenzutreten. Die Nazis haben ihn denn auch aus Deutschland vertrieben.

Wenn auch die Bücher Karl Foersters ganz unpolitisch und fachlich naturwissenschaftlich waren, zugrunde lag ihnen doch ein großes göttliches Lieben. »Den lieb ich, der Unmögliches begehrt«, dies Wort aus Goethes Faust schrieb ich damals in eins seiner Gartenbücher, und ich denke es auch heute noch wieder, wenn ich darin lese. Seine Bücher wurden eine reiche Quelle von Eingebungen für unseren Garten in der Kleebergstraße.

Einen Garten kann man ja eigentlich nicht beschreiben, man muß ihn sehen, ihn riechen, den Wind in seinen Blättern und Blumen hören, die Bienen und Hummeln; man muß sehen, wie die Sonne auf ihn scheint, wie der Regen ihn wässert. Der Plan zum Garten war bald gemacht: er mußte Staudenbeete haben, Steingärten, Rosen aller Art, alles das um einen schönen Rasen in der Mitte herum. Auf die große Terrasse kam ein Polyantha-Rosenbeet, Rosen, die vom Frühjahr bis zum Herbst blühen, auf die wir immer von den Bänken der Steinterrasse sehen konnten. Forsythien blühten schon im Februar an den Bänken, und früh blühte auch an der Südseite eine sehr schöne Glyzinie, die später die ganze Gartenseite des Hauses mit der offenen Pergola des Schlafzimmers im oberen Stock berankte.

Von Obstbäumen wurden nur Kostbarkeiten gepflanzt, es war ja kein so großer Garten: eine Spalieraprikose an der Hauswand, die sich später als ein Schatz an herrlichen Früchten entwickelte, ein Gravensteiner Apfelbaum, edle Pfirsiche und natürlich an der Ostseite eine Sauerkirsche. Der Garten brachte einen in anregende Verbindung mit Nachbarn und Gartenfreunden, geteilte Freuden sind doppelte Freuden. Eine unserer Nachbarinnen hat mal sehr hübsch in einer Frankfurter Zeitung unsern damaligen Garten beschrieben. »Nicht allein will der Gartenfreund seinen Flor genießen, andere müssen ihr ›Ah und Oh‹ zum Ausdruck bringen. Jede Woche werde ich zu meiner Nachbarin gerufen, nicht wegen Neuigkeiten aus der Stadt, sondern wegen der Neuerscheinungen bei ihren Pflanzenlieblingen. Das Blumenhaus hat seine Straßenfront nach Norden, Birken, Rasen aus Sedum, Schattenpflanzen, mehr kann die Nordseite nicht bieten. Ein Plattenweg führt an einer Trockenmauer entlang, an der Aubrietien und Cerastrum ihre Polster ausbreiten, die von farbenfrohen Tulpen Duc van Tholl unterbrochen werden. Später wird der Zaun Rosen bringen, blaue Rittersporne werden neben weißen Lilien ihre stolzen Kerzen haben. Da sind wir auf dem großen Rasenteppich. Bald wird die

Parkrose ihre feuerroten Lichter anzünden. Nun aber liegt die Südseite des Hauses vor uns. Die Terrasse mit Steinplatten wird bald von Rosenduft erfüllt sein. Schlingrosen, Kakteen, Oleander-Yukka, Aloe, ein Elfenbeinginster als Hochstamm täuschen uns südliche Gefilde vor. Hier ist es so warm, da das Haus Nord- und Ostwinde abwehrt. Schon im Januar kann man beim gelben Jasmin Nudiflorum in der Sonne liegen. Der Erker ist zu einem Kakteenfenster ausgebaut, an dessen Fuß sich gelbe Le Rêve-Rankrosen schlingen. Es ist die Festzeit des Steingartens, der sich vor der Terrasse hinzieht. Seine Farben blenden fast: Die lila Aubrietie, die rosa Polster von Phlox Sedacea, das gelbe Alyssum Saxatile, weiße Iberis, Schwertlilien und bunte Darwintulpen bilden eine vollendete Farbensymphonie. Im Süden wird der Garten von einer Rosenpergola und einem Rosenbeet abgeschlossen. Eine Trauerweide neigt sich darüber. Im Osten bietet ein Vogelbad seine Freuden, Dahlien, Staudenphlox vor einer Hecke bilden den Abschluß, eine grüne Burgmauer für ein abgeschlossenes, kleines Paradies.«

Im Jahre 1938 mußten wir auswandern, der Druck der Verfolgung wurde so groß, daß das Weggehen zum Schluß ein Akt der Befreiung war. Aber noch jetzt nach fast 40 Jahren denke ich gern an die Menschen zurück, die durch die Freude am Garten in nahe Beziehungen zu uns getreten sind.

Da war der Oberlandesgerichtsrat in der Nachbarstraße, der morgens früh schon anläutete: »Sie müssen die frühen Iris sehen, die heute aufgeblüht sind.« Er hatte aus einem winzigen Gärtchen durch Bewässerung mit dünnen Bleirohren ein Pflanzenparadies gemacht: neben Azaleen edelster Art, neben Rhododendron blühte und wuchs alles, was auf feuchtem Gelände zu Hause ist. Versteckt dazwischen entdeckte man ein Terrarium mit Salamandern und Schildkröten. Ich denke noch oft an dieses Gärtchen eines Juristen. Er wurde später ans Reichsgericht nach Leipzig versetzt, und dort hat ihn das Kriegsunheil erreicht. Von den Russen wurden alle Reichsgerichtsräte, ob sie Nazis oder Antinazis waren, in ein Konzentrationslager verschleppt, und dort ist unser Freund elend umgekommen.

Wenn die Aprikosen an der Hauswand reif waren, kam der immer muntere Professor für Mathematik an der Universität Frankfurt, Max Dehn, ein Hochtourist von Gnaden. Er erkletterte das Spalier, das bis zum Dach reichte und brachte Körbe der edlen gelbroten Früchte herunter ins Haus, es war immer ein Ereignis. Nur in Kalifornien habe ich später wieder so schöne Aprikosen gefunden. Als das Unheil des Nazismus aufkam, wollte er mit uns zusammen eine Siedlung in Neuseeland gründen, auf der andern Seite der Welt, weit, weit weg. Seine norwegischen Hochtouristenfreunde haben ihn nach Norwegen gerettet, ihn und seine Familie, und später ist er als Lehrer an einem bescheidenen College in den USA gestorben.

Unsere Nachbarin zur Linken ist von der Gestapo ermordet worden, weil sie mutig ihre Meinung sagte. Ihr damals schon alter Mann, Landesgerichtsrat Giershausen, hat sich dann selbst das Leben genommen.

Nicht alle waren mutig, es gab auch einige »Mitläufer« in unserer kleinen Straße. Um so dankbarer denken wir an unsere Nachbarn in der anstoßenden Stettenstraße, mit denen uns nahe Gartenfreundschaft verband. Sie hatten zur gleichen Zeit wie wir ihr Haus gebaut, und mein Mann war der juristische Berater von Herrn S., der ein großes Geschäft in Frankfurt betrieb.

Ich erinnere mich, wie ich mit ihm einmal in eine der großartigen Gärtnereien in der Umgebung von Frankfurt gefahren bin, um seltenere Stauden zu finden; immer ist man ja auf der Jagd nach Neuem für den Garten, neue Phloxzüchtungen waren damals sehr begehrt und man mochte immer neue Farben entdecken. »Was wäre das Leben ohne Phlox?« hatte der Stauden-Foerster in seiner »Gartenschönheit« einmal geschrieben. Diese Leidenschaft ist sehr relativ, so habe ich oft in Brasilien denken müssen, wo wir ein so reiches Gartenleben »ohne Phlox« aufgebaut haben, da er auf unserem Boden nur bescheiden wächst. Auch die Gartenvorstellungen der Menschen werden von ihrem Schicksal geprägt und verändert. Mit diesen Nachbarn in der Stettenstraße hat uns eine lebenslange Freundschaft verbunden. Sie berichten mir noch heute, was in ihrem Garten blüht und was Früchte trägt. Ich sehe dann alles wieder vor mir, und ich versuche, ihnen ein Bild unseres tropischen Gartens in Brasilien zu geben. In unserm flachen Vogelbad hier baden andere Vogelarten als in der Kleebergstraße, wo die Amseln, die Stare und Meisen genüßlich puddelten. Es wäre ja kein Garten ohne die Vögel, die Bienen und Hummeln, die Schmetterlinge und das Raupenvolk.

Über die zwanziger Jahre nach dem ersten Weltkrieg in Deutschland ist viel geschrieben worden, die einen nennen sie die »goldenen«, die andern bezeichnen sie als Jahres des Abstiegs.

Nach dem ruhmlosen Zusammenbruch des Kaiserreiches und der dieses Reich stützenden Schichten des Militärs und der Großgrundbesitzer kamen Arbeiter und bürgerliche Schichten an die Macht, und nach der Stabilisierung der Währung Ende 1923 sahen wir die Zukunft Deutschlands gesichert. Für uns als Glaubensjuden war zum erstenmal seit der Emanzipation der Juden eine Gleichberechtigung mit den andern deutschen Mitbürgern erreicht. Die »Judenzählung« an der Front während des ersten Weltkrieges war nur noch eine böse Erinnerung, doch so unterschwellig vorhanden, daß Max sich keiner Vereinigung alter Kriegskameraden anschließen mochte. Freundschaft verband ihn treu mit einzelnen bewährten Freunden. Die deutsche Mark war wieder eine feste Währung, wir konnten wieder ins Ausland reisen. Und damit kam die Erfahrung neuer Gärten in unser Leben.

GÄRTEN IN HOLLAND, ENGLAND UND IM SÜDEN EUROPAS

Mit der deutschen Gartenbaugesellschaft machten wir eine Gruppenreise nach Holland und nach England. Es war Frühjahr, und Holland stand im Zeichen der Tulpenblüte; ihre überwältigende Schönheit ist oft beschrieben worden. Holland war damals eines der ersten europäischen Länder, das die Idee der Gartenstadt aufgegriffen hatte, abseits der großen Städte die Menschen in einer Landschaft anzusiedeln, die ihnen die Möglichkeit eigener Häuser und eigener Gärten gab. Einer der Vorkämpfer für diese Bewegung war Professor Kampfmeyer, und mit ihm und einer Gruppe von Architekten, Gärtnern und Liebhabern reisten wir zur Besichtigung zweier holländischer Gartenstädte und dann nach England zu den dort neu gegründeten Gartenstädten. Vor dem Krieg war Hellerau bei Dresden als Gartenstadt gegründet worden, es ist immer ein Vorbild geblieben, als die großen Städte Deutschlands in ihren Betonbauten erstickten. Wenn die holländischen Häuser moderner und praktischer eingerichtet waren als die englischen, so sind mir doch die englischen Gärten als die einfallsreicheren in Erinnerung geblieben. Geschwungene Staudenbeete, zwei Meter breit, machten auch aus einem kleinen Garten ein aufregendes Erlebnis, ebenso wie die bis an die Hauswände herangezogenen schönen Rasen, die das Haus in den Garten betteten. Natürlich wurde auch Kew Gardens besucht, südlich von London in Surrey gelegen und einer der reichsten botanischen Gärten der Welt, mit herrlichen Gewächshäusern für tropische Pflanzen. Die Rhododendron standen gerade in Blüte, rosa, weiß, golden-purpur. Sie waren terrassenförmig aufsteigend angepflanzt, so konnte man von unten in die leuchtende Pracht der Dolden sehen – ein unvergeßlicher Anblick.

Mit neuen Ideen für den eigenen Garten und auch mit neuen Ideen für die Aktienbaugesellschaft für kleine Wohnungen der Stadt Frankfurt, in der Max juristischer Berater war, kamen wir nach Hause zurück.

Es gibt ein liebenswertes Buch von Hellmut Holthaus »Alle meine Züge fahren nach Süden«. Auch unsere Ferienzüge fuhren fast immer nach Süden: nach Italien, nach Jugoslawien, nach der Mainau am Bodensee. Die Mainau hat wohl den großartigsten Garten, an den ich mich in meinem Leben erinnere. Die Vielfältigkeit der Bäume, die dort aus aller Welt gesammelt sind: Man findet Lybanonzedern neben den Redwoods der Westküste Nordamerikas. Nur später im botanischen Garten der Universität Berkeley in Californien habe ich eine größere Anpflanzung von Bäumen aus aller Welt gefunden. Das Schönste an der Mainau war für mich eine riesige Backsteinwand, die völlig zugewachsen war mit Cobaea Scandens, deren zauberhafte blaue und grünliche Blütenglocken einen überirdischen Eindruck gaben; man wurde aller Erdenschwere durch ihren Anblick entrückt. Und dabei ist diese Kletterpflanze ganz leicht aus Samen anzuziehen. Wo ich auch gewohnt habe, immer habe ich Cobaeas angepflanzt und verbreitet. Nirgendwo habe ich so große und schöne Rosen gesehen wie auf der Mainau, nie auf so großzügig angelegten Beeten. Die Landschaft formt ja den Garten, ihre Bodenbeschaffenheit, ihr Klima, ihre Gestalt. Die Mainau paßt sich auf das Vollkommenste der Bodensee-Gegend an, so wie zu den römischen Gärten die steilen Säulenzypressen gehören, die so in Einklang stehen mit der Architektur Roms, mit den griechischen Tempeln von Paestum. Die sonnigen, zum Meer steil abfallenden Gärten der jugoslawischen Küste, mit ihren Treppen, Agaven, Blütenstauden, mit den Mäuerchen, auf denen Katzen spazierten, sie waren Sommerglück nach dem oft anstrengenden Stadtleben. Man lebte außer der Zeit, so daß wir, im Meer badend, unser Schiff abfahren sahen, das uns eigentlich nach Hause bringen sollte. Wir hatten die Zeit vergessen. Wie schön war das. Die Zeit vergessend, schwebt man zwischen Leben und Tod, dem Tod, der zum Leben gehört. Ohne den Tod könnte die Natur nichts Neues schaffen.

Zerstörerisch wie der Tod war dann auch die Krise, die Ende der zwanziger Jahre Deutschland erschütterte und die Menschen den extremistischen Parteien in die Arme trieb. »Deutschland so oder so« hieß es, kommunistisch oder nationalsozialistisch. Wir sahen es anders, und wir waren überzeugt, daß das Problem der Arbeitslosigkeit, das immer von Zeit zu Zeit die Industrienationen befällt, durchaus auf gute und friedliche Weise gelöst werden konnte. Um die böse Zeit der Arbeitslosigkeit zu überbrücken, versuchte die Regierung durch staatlichen Straßenbau – und das war ja unter der Regierung Brüning der Anfang der »Reichsautobahnen« – Arbeitsplätze zu schaffen.

Wir in Frankfurt bildeten einen Kreis von Helfern, die in allen Stadtteilen Erwerbslosenküchen schufen, in denen Erwerbslose für Erwerbslose nahrhafte Mittagessen lieferten. Dieser Aufgabe hatte ich mich von 1929 bis 1933 ganz verschrieben, und die Gartenarbeit trat für eine ganze Zeit in den Hintergrund.

Aber die Illusionen des Nationalsozialismus, der allen alles versprach, waren wie ein tödliches Gift, das Deutschland verseuchte und dann so unsägliche Opfer in der ganzen zivilisierten Welt gefordert hat. Darüber will ich nicht schreiben.

Jeder kann ja nur immer die ihm naheliegenden Aufgaben zu lösen versuchen. Unsere Aufgabe war es, unserer jüdischen Glaubensgemeinschaft, die neben der »Linken« das erste Opfer war, nach Kräften zu helfen. Von 1934 bis 1938 haben Max und ich unsere ganze Arbeitskraft in den Dienst der jüdischen Auswandererberatungsstelle in Frankfurt gestellt. Das Büro lag in einem Gemeindehaus in der Königswarterstraße dicht beim Zoo. Und in dessen schönem Garten fanden wir Erholung in den kurzen Arbeitspausen. Tausenden von Hilfesuchenden konnten wir bei ihrer Auswanderung aus Deutschland helfen.

Im Hessischen, auf dem Lande, in den kleinen Städtchen und den Dörfern lebten viele Juden, die mit Landwirtschaft und Viehhandel ihren Lebensunterhalt erwarben. Unter ihnen wurden die Familien ausgewählt, die sich zur Ansiedlung in den jüdischen Siedlungen der »ICA«, der Yewish Colonisation Association in Argentinien eigneten. Diese Reisen ins hessische Land brachten uns Erfahrungen in uns neuer Landschaft und in den kleinen Bauerngärten, die oft reizend angelegt waren. Neben all dem Kummer gab es dann doch manchmal auch etwas Drolliges zu erleben. Einmal saßen wir mit einer vielköpfigen Familie beratend um den Tisch, beschrieben ihnen die Umstände ihrer neuen Lebensmöglichkeiten in dem fernen Land, es waren ja schwere Entschlüsse zu fassen. Bis das Schicksal der

Familie durch den jüngsten rothaarigen Buben entschieden wurde. Der sagte plötzlich: »Mir gefallts.« Ich hoffe, die Familie ist dann auch glücklich in Argentinien geworden.

GÄRTEN VON AUSWANDERERN

Es gab Auswanderer, die vor den Nazis zwar schon in ein Nachbarland geflohen waren, die aber weiter nach Übersee wollten. Zu ihnen gehörte der Dichter Karl Wolfskehl, den Max nicht nur juristisch beraten hat, sondern mit dem ihn auch eine persönliche Freundschaft verband. Wir besuchten ihn in Recco bei Genua. Er lebte damals mit seiner Frau und mit seiner Sekretärin in einem kleinen, weiß gestrichenen Haus in einem Garten voller Orangenbäume. Damals habe ich zum erstenmal einen solchen Garten, gelb leuchtend mit den reifen Orangen, gesehen. Der sehr groß gewachsene alte Dichter mit seinem wundervoll ausdrucksvollen Gesicht war damals schon fast erblindet, und wir dachten, ein Seher wie aus dem alten Testament kommt uns da entgegen in einem Garten Eden. Das Gespräch zwischen uns ging denn auch um letzte und wichtigste Dinge, ich habe es mein Lebtag nicht vergessen, diesen Garten und diesen Mann. Wolfskehl hat von 1938 bis 1948 in Neuseeland gelebt, am andern Ende der Welt. Er ist nicht mehr in die über alles geliebte Heimat zurückgekehrt. Die Leidensgestalt des Hiob hat er in Neuseeland in seinen großartigen letzten Gedichten wieder erstehen lassen. Der italienische Orangengarten ist meine unvergeßliche Erinnerung an den großen Dichter.

Wir besuchten seine Tochter in Kichlingsbergen am Kaiserstuhl bei Freiburg. Sie war dort mit einem Weinbauern verheiratet und lebte mit ihrer großen Familie in einem schönen Haus. Das lag so recht zwischen Weinbergen, war ländlich mit Stall und Kühen, aber enthielt auch Wolfskehls großartige Bibliothek von Incunabeln. Der Kaiserstuhl ist das wärmste Gebiet Deutschlands und seine Weine sind berühmt, ich habe nie schönere Weinberge gesehen. Als wir um den Tisch saßen, schnitt die Tochter Wolfskehl das selbstgebackene dunkle Brot, der älteste Bub kam mit dem Eimer voll Milch aus dem Kuhstall, und wir schauten durchs Fenster in die Weinberge. Die Erinnerung an diese Familie, dies eigenartige Haus, diese Weinberge, ist für uns in unserm Leben in Brasilien immer ein Stück unverlierbares gutes Deutschland geblieben.

Die hoffnungslose Lage der Juden in Deutschland nach 1933 haben nur wenige wirklich erkannt, ganz einfach, weil das Ausmaß der Bösartigkeit der Verfolgung einem normalen Menschen auch heute noch nicht vorstellbar ist. Gleich nach der »Machtergreifung« – welch abscheuliches Wort – hatte ein sehr reicher Bildersammler Frankfurt verlassen, und er konnte seine großartigen Gemälde und

Kunstschätze in die Schweiz retten. Wir haben ihn auf unseren Reisen besucht und haben zu unserer Freude gefunden, daß er nun neben seinen Sammlungen den Trost des Gartens entdeckt hatte. Sicher war das auch der Verdienst seiner Frau. Wenn Frauen auch in der Literatur der Gartenkunst kaum hervortreten, so habe ich doch viele Frauen getroffen, die gartenschöpferisch waren und für die der Garten eine Quelle ihres Lebens war. Dieser Garten lag mit einem schönen Haus in Basel mitten in der Stadt, war aber so weitläufig, daß zwei Gärtner in ihm volle Beschäftigung fanden. Man hatte Hügel aufgeschüttet mit langsam abfallenden Grasflächen, sie mit Steingärten gekrönt, die im üppigen Flor von lila Aubrietien, weißen Iberis, frühen roten Tulpen und weißen Narzissen standen, als wir hinkamen. An den Seiten des Gartens gab es Gewächshäuser mit tropischen Orchideen. Viele gute Stunden hat sicher dieser Garten dem aus der Heimat Vertriebenen gegeben.

Auch wir fanden in den schweren Jahren der Verfolgung Trost in unserm Garten in der Kleebergstraße, in unserem zum Garten offenen Haus, in dem so viele Freunde wohnten, die in den letzten Tagen vor ihrer Auswanderung kein Zuhause mehr hatten. Anderen bei dem schweren Abschied von der Heimat zu helfen, war so recht unsere Lebensaufgabe geworden. Zuversichtlich, und das mit Recht, gingen meist die jungen Menschen, schwerer die schon Älteren. Am schwersten war es für die Alten, die oft zurückbleiben mußten. An unsere eigene Zukunft konnten wir kaum denken. Und doch hatte Max 1935 die Gelegenheit eines sogenannten »Austauschgeschäfts« ergriffen und Urwaldland in Brasilien gekauft. Der Prospekt einer englischen Landgesellschaft, der dieser Urwald im Staat Paraná in Brasilien gehörte, hatte uns so gut gefallen. Ich sehe diesen Prospekt nach 42 Jahren noch deutlich vor mir. In ihm war alles abgebildet, was Siedler dort schon angebaut hatten: Schwer beladene Weinstöcke, Bäume mit Mangafrüchten, Kaffeesträucher, Maniokpflanzen. Für uns waren das natürlich nur ganz vage Vorstellungen, aber sie machten uns Mut, ein neues Leben in Brasilien zu beginnen. Wir kauften 200 Alqueiren Urwald, das sind 2000 preußische Morgen Land, um aus ihnen eines Tages eine »Fazenda« – so heißen Landgüter in Brasilien – zu machen. Wie stark wir später dort verwurzelt sein würden, haben wir damals nicht geahnt. Unsere Landbesitzpapiere gaben wir 1936 einem jüdischen Landwirt aus Pommern mit, der mit seiner Familie auswandern mußte. Mit ihm machten wir eine Partnerschaft aus, die uns später das Einleben auf dem Lande ungemein erleichtert hat.

Diese letzten Jahre in Frankfurt waren sehr schwer, nur beglückend dadurch, daß wir anderen oft helfen konnten. Wie viele unserer Bekannten haben damals ihrem Leben freiwillig ein Ende gemacht. Wenn wir es nicht billigen, wir konnten es verstehen. Wie viele haben Entsetzliches durchmachen müssen, Konzentrationslager und Verfolgung.

Im Juni 1938, als Juden mit sogenannten »Vorstrafen« (Autounglücken und ähnlichen »Vergehen«) in Konzentrationslager verschleppt wurden, beschlossen wir, selbst zu gehen. Unser schöner Garten, unser geliebtes Haus mit der als Paradiesgärtlein ausgemalten Halle, alles verblaßte vor der Anstrengung der letzen Monate und Tage. Unsere Nichte Margaret wohnte bei uns, da sie beide Eltern in den Wirren der Zeit verloren hatte; sie sollte mit uns auswandern. Damals war sie 17 Jahre alt und hatte eine gärtnerische Ausbildung am Bodensee bekommen, die sie auf das neue Leben vorbereiten sollte. Wir haben sie in diesem Gartenbetrieb besucht. Es gab dort nur biologische Düngung, und ich habe da die dicksten Sellerieknollen meines Lebens gesehen. Aber es war kein fröhlicher Garten, junge Leute wurden dort zur Auswanderung vorbereitet, und man spürte die Spannung überall.

Die letzte Frankfurter Gartenerinnerung ist die an den Garten im englischen Konsulat, es war ein kümmerlicher Garten an einem gemieteten Haus. Und doch, er gab mit den wenigen Blumen und dem Rasen Trost, als wir dort in der Liebigstraße auf die so lebenswichtigen Visen warten mußten. Er ist mir so in der Erinnerung geblieben.

Ohne die Hilfe unserer nichtjüdischen Freunde wäre es uns kaum gelungen, Frankfurt mit den brennenden Synagogen am 10. November 1938 zu verlassen. Als wir nach vielen aufregenden Zwischenfällen – in Emmerich an der Grenze wurden wir acht Stunden lang eingesperrt – endlich die holländische Grenze überschreiten konnten, fühlten wir uns gerettet.

Acht Tage blieben wir bei Freunden in England, bevor wir uns an einem stürmischen Abend in Southampton nach Brasilien einschifften.

ERSTE EINDRÜCKE IN BRASILIEN

Unsere Gretel war siebzehn, wir beide siebenundvierzig und zweiundvierzig Jahre alt, wir fühlten bei all dem Schweren, was hinter uns lag, Kräfte für ein neues Leben in einem neuen Land.

Der erste Pflanzengruß Brasiliens waren die Palmen auf den Inseln, an denen unser Schiff, die »Cap Arcona«, langsam kurz vor der Landung in Santos vorbeiglitt. Wir kamen im Dezember an, in der heißen Jahreszeit. Während der Überfahrt hatten wir portugiesische Lehrbücher studiert, hatten versucht, uns ein Bild von unserem Leben auf dem Lande zu machen. Kisten mit Samen und Sträuchern waren in unserem Gepäck, ich versuchte, mir Pflanzung und Garten vorzustellen, die daraus entstehen sollten. Max machte Skizzen für einen Hausbau. Seine Pläne haben sich dann später verwirklichen lassen, während sich meine Vorstellungen von Wachstum unter so ganz anderen klimatischen Bedingungen wandeln mußten.

Die Kämpfe mit der Zollbehörde waren 1938 sehr unangenehm und für neuankommende Siedler mit Gepäck abschreckend. Heute ist diese Behörde

wesentlich vernünftiger und einsichtiger geworden. Die meisten Schwierigkeiten machten meine Samen und Sträucher, sie sollten nicht durchgelassen werden, und doch hing gerade daran natürlich unser Herz. Ich lernte schlau zu sein, und es gelang mir wirklich, die Sachen durchzubekommen. Wenn ich gewußt hätte, daß dieses Bemühen seinen Sinn verlor, als wir dann später säten und pflanzten, ohne zu wissen, daß andere Böden und anderes Klima unseren so gehüteten Samen und Sträuchern in kurzer Zeit den Garaus machen würden...

Hitze, Moskitos, das Schlafen unter Netzen in dem einfachen Hotel, die andere Kost – die Nationalspeise sind Reis und braune oder schwarze Bohnen –, Getümmel aller Rassen im Hafen, wilde Hundemischungen, romantisch offene Straßenbahnen, so überfüllt mit armem Volk, daß die Leute noch wie in Trauben an den Trittbrettern hingen... wir bestanden alles mit Humor, mit Neugier auf all das Neue, beglückt unter freundlichen Menschen gerettet zu sein.

Unser Partner auf der Farm, der uns abgeholt hatte, war uns eine große Hilfe in den so neuen Lebensverhältnissen. Er wußte schon besser als wir, wie man den Dingen und Menschen in Brasilien einen »jeito« gibt. Jeito heißt etwa: Ausweg, Lösung, auch »Dreh«, ohne das geht es auch heute in Brasilien manchmal nicht ab. Wenn uns das auch nicht lag, wir haben gelernt, weniger strikt im

Umgang mit Menschen zu sein, die rechtlichen Beziehungen nicht überzubewerten und manche Schwierigkeit mit etwas lässiger Freundlichkeit aus dem Wege zu räumen. Brasilien mit seinem Völkergemisch aus Indianern, Portugiesen mit starkem jüdischen Einschlag (vor der Inquisition fliehende Juden hatten mit den ersten portugiesischen Eroberern das Land besiedelt), Negern, die als Sklaven hierher verschleppt wurden, später im 18. Jahrhundert Deutschen, die vor Armut und Tyrannei flohen und sich namentlich im kühleren Süden des Landes niederließen, vielen Italienern, Russen, Ukrainern, Polen, und in diesem Jahrhundert Menschen aus aller Welt, die von der Weite und den großen Entwicklungsmöglichkeiten Brasiliens angezogen werden: Diese Vermischung so verschiedener Völker und Rassen erforderte geradezu Duldsamkeit und gegenseitige Freundlichkeit. Sie sind noch heute ein Kennzeichen des brasilianischen Lebens.

Nach zwei Tagen konnten wir den kleinen Zug besteigen, der uns über die Bergkette zur Stadt São Paulo bringen sollte. Es war ein offener Zug, mit Sitzen aus Bambusgeflecht, wunderbar luftig dem heißen Klima angepaßt. Er gefiel uns ausgezeichnet, und mit wachen Sinnen konnte man aus den offenen Wagen die Natur beobachten.

Der Zug fuhr eine lange Strecke durch die Ebene, durch feuchte Niederungen mit üppigen Bananenpflanzungen. Das leuchtende Grün der breiten

Bananenblätter, die dazwischen hängenden riesigen Fruchtbüschel mit schwellenden grünen Bananen gaben uns den Eindruck üppigen Wachstums. Auf den Telegraphendrähten krächzten grünliche Papageien, weiße, lilienartige Blütenstauden, die am Wege neben der Bahn wuchsen, verströmten einen seltsamen Geruch, – alles ließ uns ein neues Leben ahnen. Und dann fuhren wir auf steilen Hängen in langsamen Kurven mit der Zahnradbahn – erfreulich langsam ratterte das Züglein, es konnte nicht schneller, denn es wurde mit Holz geheizt, – durch Urwälder, ganz unberührte Urwälder. Wir hatten noch nie in unserem Leben so unberührte Natur gesehen. Unnahbar, abweisend, dunkelte der Wald, lauter fremdartige Bäume bildeten ein dichtes Dach, aus dem einzelne sehr schöne Perobakronen herausragten. Seine Düsternis wurde manchmal durch die Blütenbäume der Tibouchinas aufgehellt, rosa, weißliche und lila Blütenmassen. Die Gegend schien uns völlig unbewohnt, nur an einzelnen Stellen, wo Bäche in Wasserfällen herabstürzten, konnten wir kleine Holzhäuser entdecken. Wie andersartig als die gepflanzten Wälder Europas war dieser wilde Wald, in dem es Schlangen und Jaguare geben sollte.

GÄRTEN IN SÃO PAULO

In São Paulo wurden wir freundlich in einer von deutschen Auswanderern geführten Pension aufgenommen. Sie hatten wie wir, nur fünf Jahre früher, Deutschland wegen des Nationalsozialismus verlassen. Unsere Gretel fuhr gleich mit unserem Partner landeinwärts auf die Fazenda in Paranà, wir aber mußten in São Paulo bleiben, weil Max an einem Bruchleiden erkrankt war, das er sich in der Haft in Emmerich beim Tragen einer Eisenbettstelle zugezogen hatte. Geld hatten wir sehr wenig, nur das, was durch den Verkauf eines Teils der Landbriefe erzielt wurde, mit denen wir 1935 Ansprüche auf Urwaldland in Brasilien erworben hatten. Ich verkaufte den Familienschmuck. Brasilien war 1938 ein »billiges« Land, der Milreis eine der schwachen Währungen; das hat unseren Anfang sehr erleichtert. Der freundliche Arzt im »Deutschen Krankenhaus« stellte eine bescheidene Rechnung für die wohlgelungene Operation aus. Wir konnten zusammenbleiben, denn in Brasilien ist die Frau als Mitpflegerin auch heute noch im Krankenzimmer des Mannes gern gesehen und darf auch dort schlafen.

An diese Zeit im Krankenhaus haben wir später immer gern zurückgedacht. Wir hatten ein einfaches Zimmer, aber es hatte einen Balkon zum Garten, den wir schon nach den ersten Tagen benutzen konnten. Von ihm aus konnten wir den ersten Blick in einen tropischen Garten tun. Eine herrliche Allee blühender Magnolia Grandiflora führte zum Schwesternhaus. Von Frankfurt kannten wir die schönen Magnolien Nudiflorum, die im Frühling erst die Blüten entwickeln, solange sie noch unbelaubt sind, sehr schöne Gewächse. Aber hier war alles zusammen, das üppigste Laubwerk dunkelgrüner glänzender Blätter und die strahlend weißen handgroßen Blüten, die namentlich gegen Abend einen betäubend süßen Duft ausströmten. Bald konnten wir uns in dem Garten bewegen und seine Pflanzenwelt aus der Nähe bewundern. Da waren Beete mit leuchtenden Cannas aller Arten, da rankten die großblütigen Passionsblumen, und da sahen wir unseren ersten Kolibri in der freien Natur. Es war ein großer Garten. Heute ist er längst der Bauwut São Paulos zum Opfer gefallen, der dichten Besiedlung mit Hochhäusern in der am schnellsten wachsenden Stadt der Welt. Zum Nachtisch gab es Früchte, die für uns neu waren: Mamãos, eine Art Baummelone, und als Schönstes die nach allen Wohlgeschmäcken der Erde mundende Manga.

Es gab Flöhe im Zimmer, auch in tropischer Menge; wir hängten die Wolldecken tagsüber über

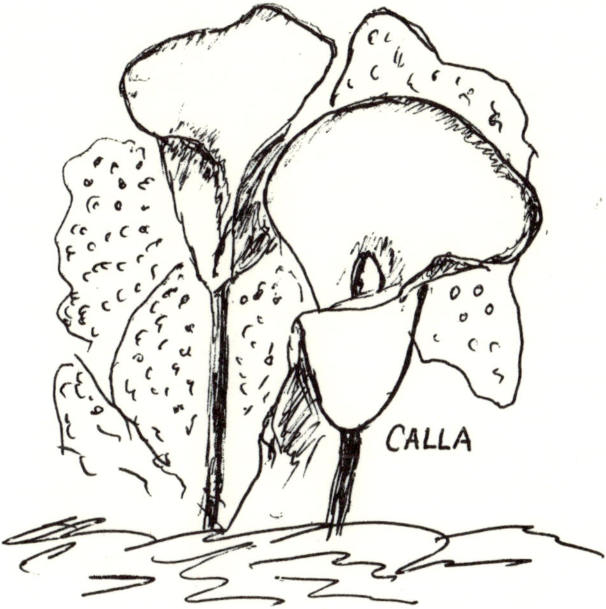

die Brüstung des Balkons – was machte uns das aus, die wir so schweres menschliches Leid erlebt hatten? Wir atmeten auf mit der Freundlichkeit aller Hilfskräfte im Hospital, der kleinen dunkelhäutigen Mädchen, die saubermachten, der deutschsprechenden Schwestern und Ärzte. Sie waren noch ahnungslos, hatten keine Vorstellung von dem, was in Deutschland vor sich ging.

Nach einer Woche schon konnten wir das Krankenhaus verlassen und in unsere freundliche Pension an der großen Avenida Paulista ziehen. Der Tagespreis bei bester Verpflegung betrug zwölf Milreis, das waren in deutscher Währung etwa eine Mark sechzig. Wir konnten Maxens völlige Wiederherstellung in Ruhe abwarten.

Die Avenida Paulista war 1939 eine breite, sehr schöne Villenstraße, mit großen Gärten vor und hinter den Häusern. Der Verkehr war geräuschvoll, aber von harmloser Dichte, wenn man ihn mit dem von heute vergleicht. Wir konnten unsere ersten Spaziergänge machen, die neue Welt und vor allen Dingen die Pflanzenwelt in Ruhe kennen lernen. Meist führte uns der Weg in den Trianon-Park, der auch heute noch erstaunlicherweise eine grüne Oase in der sehr veränderten Avenida Paulista geblieben ist. Hier hatte man offensichtlich ein Stück des Urwalds stehen lassen, der auch einmal den Boden bedeckt hatte, auf dem sich die riesige, chaotisch wachsende Stadt entwickelt hat. Faultiere schaukelten an den Bäumen, auf gepflegten Wegen konnte man in die üppig wuchernde Wildnis mit all den neuartigen Pflanzen und Bäumen schauen. Es roch nach Capim Gordura, nach Fettgras, einem der vielen für Brasilien charakteristischen Gerüche, süß und schwer.

Außer der Familie unserer Wirte, mit der uns noch heute eine enge Freundschaft verbindet, lernten wir einige São Pauloer Familien kennen, in deren Häuser wir eingeladen wurden. Diese Familien, die

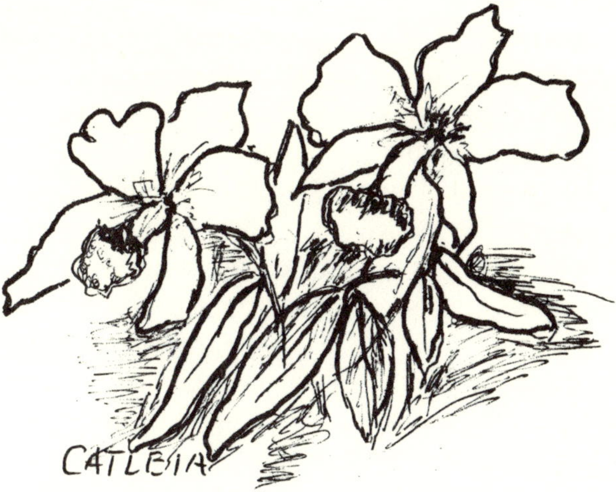

früher als wir aus Deutschland ausgewandert waren, hatten offenbar einen Teil ihres Vermögens retten können und wohnten in behaglichen Häusern mit hübschen Gärten. An einen Vorgarten erinnere ich mich, in dem riesige Palmen wuchsen, an einen Garten, in dem ich zum erstenmal die leuchtend gelben, großen Blüten der Alamanda Schottii bewunderte, deren Sträucher sich zu einer ganz großartigen Hecke formten. Üppige Azaleen in allen Farbschattierungen bildeten Gebüsche, Fuchsien und Begonien wuchsen meterhoch.

Mit unserer Wirtin durfte ich auf die Wochenmärkte für Gemüse, Blumen, Fische und allen

Hausbedarf gehen, da habe ich viel von dem neuen Land kennengelernt; Kaffee wurde da geröstet, und der Duft zog über den ganzen Markt. Hausfrauen füllten ihre Markttaschen und Körbe mit leuchtend gelben Bananen, Mangas, Mamaos und mit den herrlichsten Gemüsen. Freundliche Träger trugen die Einkäufe. Alles erschien uns billig und machte uns Mut zu dem neuen Leben.

Das Essen in der Pension war ausgezeichnet, und alles, was an Gemüsen und Obst auf den Tisch kam, interessierte uns natürlich ganz besonders. Unsere Wirtin war mit ihrem Mann und einem kleinen Sohn schon gleich 1933 ausgewandert, entrüstet über die Massenverfolgung, unter der die Familie auch als Nichtjuden wegen ihrer Abstammung zu leiden hatte. Sie hat dann später rechtzeitig auch ihre beiden Elternpaare nach Brasilien gerettet; ihren Mut und ihre Tatkraft habe ich immer sehr bewundert. Mit dreizehn äußerst sauber gekleideten brasilianischen Angestellten lief der Betrieb wie am Schnürchen. Wir stammelten unsere ersten brasilianischen Sätze. An neuen Gemüsen lernten wir Chou Chou kennen, eine gurkenartige, sehr leicht wachsende und auch billige Frucht, die Baummelone Mamao, im reifen Zustand als Obst, in grünem als Gemüse, Quiabo, Frucht einer Malve, Pimentao Doce, grüne Pfefferfrucht und manche andere. An allerlei fremdartigen Geschmack mußte man sich erst gewöhnen. So ist mir ein kleiner Bub in

Erinnerung geblieben, der mit tränenüberströmten Gesicht vor seinem Teller saß und jammerte: »Immer Chou Chou.« Hoffentlich hat er wie wir dieses besonders leicht verdauliche und auf vielerlei Weise zu verwertende Gemüse später schätzen gelernt. Ganz herrlich fanden wir gleich zu Anfang die Mangafrüchte, die gerade ihre Reifezeit hatten. Der Baum stammt ursprünglich aus Indien, ist aber in Brasilien weit verbreitet. Als großer Baum bietet er einen selten schönen Anblick, in der warmen Jahreszeit überladen mit Früchten, die bei manchen Sorten goldgelb bis rötlich werden und in einzelnen Exemplaren fast ein Kilo wiegen. Ein wahrhaftiger

Paradiesbaum. Ich stellte mir gleich eine Liste all der Bäume zusammen, die wir auf unserem Land pflanzen wollten. Dazu gehörte natürlich auch die Abakate (Avocado), auch so ein Garten-Eden-Baum, der ausgewachsen wohl tausend Früchte bringt – , die mit Zitrone und Zucker als Nachtisch und als Salat in Scheiben genossen, eine Zierde für jedes Essen sind. Beide Baumsorten leiden kaum unter Schädlingen und gedeihen ausgezeichnet in der roten Erde Brasiliens.

ROLANDIA UND DIE FAZENDA JAU

Zuversichtlich konnten wir nach einigen Wochen unsere Fahrt ins »Interior« nach dem Norden des Staates Paranà beginnen, wo sich das Urwaldland befand, aus dem uns ein neues Leben erstehen sollte. 1939 gab es ins »Interior« nur eine recht primitive Einspureisenbahn, deren Lokomotive mit Holz geheizt wurde. Die Holzschwellen für die Schienen lagen ohne Schotterung direkt auf der roten Erde. Funken, die Löcher in die Kleidung brannten, flogen durch die Fenster, es staubte von der roten Erde und es roch nach Holzrauch. Der Zug brauchte 24 Stunden und mehr, um in Rolandia anzukommen. Manche abenteuerlichen Erlebnisse haben wir später mit diesem Zug gehabt. Aber er hatte saubere Schlafwagen, was eine angenehme Überraschung für uns war. Die zweite Klasse war überfüllt mit armem Volk, die erste Klasse durchaus bequem. Die großen Unterschiede zwischen einer anspruchslosen, primitiven Unterschicht und einer oft überfeinerten Oberschicht sind uns gleich aufgefallen. Gemildert wird dieser Zustand durch die freundlichen und menschlichen Beziehungen aller Schichten untereinander.

Daß wir fast 600 Kilometer ins Innere des Landes fahren mußten, lernten wir verstehen, als wir die Landschaft vom Zugfenster aus sahen. Sie wirkte gar nicht einladend: Schlechte Viehweiden, bescheidene Maispflanzungen, etwas ärmlicher Eukalyptuswald, ganze Strecken niederer Sekundärwald. Wir lernten, daß fast all dieses Land einmal mit Kaffeepflanzungen bedeckt war, die den Boden ausgenützt hatten. Dann waren die Besitzer weiter gewandert, hatten neuen Urwald niedergelegt und so Raubbau mit den an sich guten Böden getrieben. Heutzutage hat die brasilianische Landwirtschaft große Fortschritte gemacht, man hat Bodenkultur gelernt. Und so wie man heute mit dem Flugzeug in 45 Minuten die Strecke fliegt, zu der unser Zug 24 Stunden gebraucht hatte, so hat auch der Staat São Paulo sich gewandelt und zum großen Teil seine Böden wiederhergestellt. Wenn man jetzt auf der guten Asphaltstraße in acht Stunden mit dem Auto zu uns fährt, so bietet auch die Landschaft einen ganz anderen Anblick als damals. Gepflegte neue Kaffeepflanzungen wechseln ab mit saftigen Weiden mit schönen Viehherden, Stauseen mit Villenkolonien und prächtigen Alleen blühender Bäume und Sträucher.

Je weiter wir landeinwärts kamen, desto reicher schien uns die Natur und das angebaute Land; weite Strecken fuhr der Zug durch dichten Urwald. Es war einfach frischerer, noch nicht ausgenutzter

Boden. Hin und wieder hielt der Zug an etwas chaotisch aussehenden kleinen Städten mit für uns fremdartigen Namen; die letzte Station vor Rolandia hieß Ibipora. Dann kam die winzige Station von Rolandia, wo uns unser Partner mit einem zweirädrigen kleinen, gelb gestrichenen Pferdewagen erwartete. Dies Gefährt heißt wohl wegen seiner dünnen hohen Räder Aranha, zu deutsch Spinne. Wir waren angelangt.

Zu dritt saßen wir auf einem harten Bänkchen, im Kasten hinter uns unser Handgepäck. Irgendwie war alles traumhaft: Der Karrenweg mit roter Erde, daß wir nun da waren, der rote Staub, die sommerliche Hitze im Dezember. Wir waren guten Muts, und unser Partner hatte eine optimistische Art, uns all das Neue zu erklären. Der Weg führte zunächst durch eine Anzahl Bretterhäuser der Ansiedlung, die sich Rolandia nannte. So hatten die ersten Ankömmlinge, die aus Bremen stammten, den Ort in Erinnerung an das Standbild des Roland in Bremen genannt.

Es gab einige Läden, in denen man einfach alles kaufen konnte, Bretterhäuser mit einer Steinwand vorn, an der unter dem Namen des jeweiligen Besitzers »Secos e Molhados« stand, auf deutsch: Hier kann man Trockenes und Nasses kaufen. Einen dieser Läden mußten wir gleich besichtigen und den Besitzer begrüßen. Es war die »Casa Guilherme«, der Treffpunkt aller Roländer Siedler.

Ein Arzt aus Duisburg, der nach 1933 Deutschland verlassen mußte, hatte ihn eröffnet. In Brasilien durfte er seinen Beruf nicht ausüben, weil er kein brasilianisches Ärztexamen hatte. Kurz entschlossen fing er einen Laden an, der sehr gut ging und nicht nur die aus Deutschland stammenden Siedler, sondern bald auch eine brasilianische Kundschaft ausgezeichnet belieferte. Aber namentlich für die deutschen Siedler wurde dieser Laden ein Treffpunkt im Städtchen, wenn man seine Einkäufe machte. Vor dem Laden waren Stangen, an denen man die Pferde anbinden konnte. Wie wohltuend war es für uns mit unserem schlechten Portugiesisch, daß man mit dem Inhaber und seinem Neffen im Laden deutsch sprechen konnte: Dr. Weber und Fritz, unvergessen bei uns allen, die wir sie überlebt haben.

Später hat uns Dr. Weber dann natürlich auch medizinisch beraten, und es war lustig, wenn er einen Löffel aus dem Dutzend einfach aus der Schublade nahm und einem Kunden mit Halsschmerzen in den Hals sah. Unsere Begriffe von Hygiene sollten sich ebenso ändern wie unser ganzes Leben.

Bei unserem ersten Besuch lernten wir gleich ein paar der Siedler kennen, alle in hohen Reitstiefeln mit sonst luftiger Kleidung; ihre portugiesischen Sprachkenntnisse waren noch bescheiden, man hörte viel deutsch sprechen.

Unser Pferdchen trabte munter vom Städtchen aus auf einem Karrenweg die zehn Kilometer bis zur Fazenda Jaù. Das Gelände war hügelig. Mal ging es durch Maispflanzungen, mal über Weiden; wacklige Brücken ohne Geländer führten über die Flußläufe. In den jungen Kaffeepflanzungen guckte der Kaffee gerade aus den Löchern heraus, in die je vier Pflanzen gesetzt waren, ledriges, dunkelgrün glänzendes Blattwerk. Überall sah man noch die Spuren des niedergelegten und verbrannten Waldes, oft gewaltige Baumstrünke, verkohlte Reste von Urwaldriesen, die etwa 70 Zentimeter über dem Boden abgeschlagen worden waren, und angekohlte Stämme auf den Weiden, zwischen Mais, Gras und Kaffeebüschen liegend. Es gab der Gegend ein eigenartiges wildes Aussehen, so ganz verschieden von allem, was wir von Europa her gewöhnt waren.

Auf der Fazenda wurden wir sehr freundlich von der Familie unseres Partners empfangen. Die Eltern wohnten mit ihren drei Kindern in einem einfachen Holzhaus; daneben stand ein Häuschen für den Hauslehrer mit seiner Frau. Wir selbst fanden sehr erfreuliche Unterkunft im sogenannten Elevenhaus; gleich die erste Nacht konnten wir in sauber hergerichteten Betten schlafen. Unsere Gretel empfing uns natürlich mit Freuden, sie hatte sich ja schon sechs Wochen lang eingelebt. Aber wie war sie von Moskitos und Boroschuten zerstochen! Die Stiche dieser Plagegeister waren angeschwollen und vereitert. Sie trug es mit Humor und Geduld, wir sollten bald ihrem Beispiel folgen.

Unsere Umzugskisten waren erfreulicherweise schon vor uns gut angekommen und lagerten auf der großen Veranda des Elevenhauses, das nun für ein Jahr unsere Wohnung bleiben sollte. Es war gar nicht für uns gebaut worden, sondern für eine Gruppe junger Leute, die eine landwirtschaftliche Ausbildung auf dem jüdischen Lehrgut Großbreesen in Schlesien erhalten hatten, bevor sie als Landwirte nach Brasilien auswandern wollten. Aber die faschistische Regierung unter Getulio Vargas, die unter dem Einfluß nazistischer Personen stand, hat diesen jungen Leuten das Einreisevisum verweigert, und sie sind fast alle in deutschen Konzentrationslagern umgekommen. So lag immer ein dunkler Schatten über all unserem Neuanfang, den wir nicht abschütteln konnten und auch nicht abschütteln wollten.

Unser Elevenhaus, in dem außer uns nur noch ein Eleve wohnte, lag mitten in einem Baumwollfeld. Wir sahen zum erstenmal die weißen Baumwollflokken aus den aufgeplatzten Samendolden kommen. Von den 114 Alqueiren (277 ha) waren bereits 36 Alqueiren aus Urwald in Kulturland verwandelt worden, mit 10 000 Kaffeesträuchlein und mit Anpflanzungen von Mais, Reis, Bohnen und Baumwolle. Hinter unserem Elevenhaus führte eine Böschung zu einem kleinen Quellenbach. Auf der anderen Seite sahen wir noch unberührten Urwald neben der Kaffeepflanzung auf dem Hügel. Dort, wo noch der Urwald stand, planten wir unser eigenes Haus, denn dort gab eine reiche Quelle die Möglichkeit guter Wasserversorgung, die beim Aufschluß eines Landes von größter Bedeutung ist. Diese Quelle ist noch heute nach vierzig Jahren unser Wasser- und Freudenspender geblieben, sie speist noch immer unseren kleinen Springbrunnen an der Veranda, in dem die Kolibris duschen und dabei ihr leuchtendes Gefieder zeigen – ein unbeschreiblich schöner Anblick.

Im Januar 1939, als wir auf der Fazenda ankamen, herrschte heißes Sommerwetter. Viele große Kisten mußten ausgepackt werden, es war mühevoll. Aber als die ersten Bücher auf einfachen Brettern an den Wänden aufgestellt waren, fühlten wir uns schon angeheimelt. Erfreulicherweise konnten wir zunächst bei unserem Partner essen, das war eine große Hilfe, denn vor dem riesigen gemauerten Herd hatten wir zunächst großen Respekt und wußten durchaus nicht, wie man mit ihm umgehen mußte. Es existiert noch ein rührendes vergilbtes Foto von Max, wie er mit der Axt Kleinholz spaltet.

»Die frische Luft des freien Feldes ist der eigentliche Ort, wo wir hingehören, es ist, als ob der Geist Gottes den Menschen dort unmittelbar umwehte und eine göttliche Kraft ihren Einfluß ausübte.«

Goethe zu Eckermann am 11. März 1828.

Wir haben uns immer glücklich geschätzt, daß uns die zweite Hälfte unseres Lebens nach der Auswanderung die Möglichkeit gegeben hat, auf dem Lande zu leben, noch dazu in einem interessanten, abenteuerlich fremden Land. Vor uns hatten hier nur wilde Indianerstämme die Wälder bewohnt. Beim Pflügen werden noch manchmal ihre Äxte, ihre steinzeitlich primitiven Gebrauchsgegenstände gefunden. Schwere Steinmörser, mit denen offenbar Maiskörner zerkleinert wurden, liegen heute noch auf unseren Verandabrettern – als Symbole des Wandels in allem Erdengeschehen.

Die englische Landgesellschaft hatte das Land sehr geschickt in Parzellen geteilt, so daß jede Siedlerstelle Teil hatte an den reichlich vorhandenen Quellen und Wasserläufen. Unser Land lag nicht nur an dem kleinen Fluß Jaù, sondern es hatte auch noch eine ganze Anzahl prächtiger Quellen. Eine davon wurde mit einem hydraulischen »Widder« direkt an das Elevenhaus geleitet; wir hatten fließendes Wasser im Haus, erquickende Duschen nach der Hitze des Sommertages. Dieser Widder ist eine sehr alte Erfindung von Josef M. Montgolfier, der zur Zeit der Französischen Revolution gelebt hat. Es ist eine genial einfache Erfindung, Wasser in Röhren in beträchtliche Höhen zu pumpen. Aber er macht auch durch allerlei Tücken seinem Namen Ehre. Wie oft mußte Max ihn bei Hitze oder Regen auseinandernehmen und mit frischen Dichtungen und Schrauben versehen. So einfach das System der zwei sich durch den Wasserdruck öffnenden und schließenden Ventile ist, verlangt es doch eine sorgfältige Pflege, die wir mit viel Mühe erlernt haben.

Der Mühlendienst dagegen war leicht. Am Flüßchen Jaù war ein Wasserfall benutzt worden, um durch seinen Fall über ein Wasserrad zwei Mühlsteine zu bewegen, zwischen denen Maiskörner zu grobem oder feinem Maismehl, »Fuba«, gemahlen werden konnten. Oft habe ich Max zur Mühle begleitet, wo wir ganz idyllisch am Bachufer saßen, kleine Fische beobachten konnten und dem Rauschen des Wassers zuhörten. Blauer Himmel, Wärme, Stille – so unglaublich weit weg von der Welt, die wir früher bewohnt hatten. Befreiend und glücklich.

Von meinen Unternehmungen war ich weit weniger befriedigt. Ahnungslos hatte ich Samen und Sträucher dicht beim Elevenhaus in die rote Erde gepflanzt, fleißig gegossen und auch wohl gehackt. Es kam Nichts. Die von der Sonne am Haus ausgetrocknete Erde war völlig unfruchtbar geworden, alle für das Wachstum nötigen Bakterien und Humusteile verbrannt. Steril war der Boden wie eine Wüste.

Mit dem Rest der mitgebrachten Samen zog ich dann zum Quellenbach einige hundert Meter tiefer, da war die Erde frisch, und bald entwickelten sich üppig tragende Gurkenfelder, Beete mit gelben Rüben und roten Rüben, Bohnen, die in unserem Klima besonders gut gedeihen, Kürbisse, es war eine Pracht.

Der erste Geburtstag im Februar war Gretels Geburtstag, und wir hatten schon das Gefühl, feiern zu können, wenn ich auch nur einen etwas kümmerlichen Kuchen in einem kleinen Petroleumofen gebacken hatte; an den großen Herd traute ich mich noch nicht heran.

Dieser Geburtstag ist uns durch das erste Erlebnis mit einer großen Giftschlange immer in Erinnerung geblieben. Wir sahen sie plötzlich in der von mir so unnütz bearbeiteten roten Erde ganz dicht beim Haus, wie sie sich in eleganten Kurven zum Eingang hin bewegte. Es war eine gelb und schwarz gefleckte, sehr giftige Urutu, die nun in einiger Aufregung vom Herrn des Hauses erlegt wurde. Da wir alle drei eifrige Beobachter und Liebhaber der Natur waren, haben wir uns eigentlich nie so vor Schlangen gegraust, wie das so viele Menschen tun. Schlangen greifen ja auch nur an, wenn sie sich bedroht fühlen.

Eine fand ich einmal auf dem Küchentisch, und ich hielt sie für einen Gürtel von Gretel, den ich wegräumen wollte. Eine andere recht große Giftschlange hatte sich unter den ausgelegten Decken des Bettes verkrochen, wo sie wohl die Wärme gesucht hat. Sie wurde durch einen Schuß durchs

Fenster von unserem Partner Kaphan erlegt; wir waren ja noch Neulinge im Land, und wir hatten keine Waffen mitgebracht. Kaphan war damals gerade krank, und er erschien im Schlafrock, mit geschultertem Gewehr, sein grünes pommersches Hütchen auf dem Kopf, sein Dr. Weber hinter ihm – es war eine urkomische Szene, die wir nie vergessen haben. Wir haben noch später oft zusammen darüber gelacht. Auch die Gambas, riesige Beutelratten, kamen ins Haus, unter die Betten. Es sind Nachttiere. Sie ließen sich leicht verjagen und stanken abscheulich, wenn sie sich angegriffen fühlten. Wir haben sie später in Holzfallen gefangen, manchmal waren es Mütter mit wohl acht bis zehn Jungen in der großen Bauchfalte. Sie sollen Schlangen fressen, aber bei uns hatten sie es auf Eier und Kücken abgesehen, so daß wir in ständigem Kampf mit ihnen lagen. Für den Zoologen sind sie sehr interessante Tiere, die einem früheren Abschnitt der Erdgeschichte angehören. Entfernt man die Stinkdrüsen, so ist das Fleisch ganz wohlschmekkend; wir haben es einmal gegessen und es hat uns gut geschmeckt. Die in Fallen gefangenen Tiere haben wir deshalb oft an Liebhaber unter unseren Arbeitern verschenkt. Auch große Eidechsen, wohl einen Meter lang, konnten wir beobachten, auch sie Liebhaber von Eiern und Kücken und deswegen gejagt. Es sind wunderschöne Tiere. Der lange Schwanz wird gern gegessen und hat einen fischartigen Geschmack. Leider gehört auch das Tatu wegen seines wohlschmeckenden Fleisches zu den verfolgten Tieren auf den Fazenden. Dabei ist dieses hübsche Gürteltier, das meist nur nachts aus seinen Höhlengängen herauskommt, ungemein nützlich, es vertilgt Käfer, Larven, Ameisen und Grillen, die namentlich den Kaffeewurzeln sehr schädlich sind. Leider ist der Naturschutz in unserem dünn besiedelten jungen Land noch sehr in seinen Anfängen. Wir haben die Freude erlebt, daß sich durch das Anlegen von Gärten, durch das Pflanzen von Bäumen und Sträuchern um unsere Häuser wieder eine reiche

Vogelwelt entwickelt hat. Unsere Lieblinge sind die Kolibris, von denen wir über fünfzehn verschiedene Sorten kennen. Sie trösten uns über das Verschwinden der Papageien und der Tukane, die wir in unserer ersten Zeit hier noch beobachten konnten.

Was unserem neuen Leben in Brasilien eine besondere Note gab, war der glückliche Umstand, daß wir Schicksalsgenossen hatten. Etwa vierzig bis fünfzig Familien hatten aus ähnlichen Gründen wie wir Nazideutschland verlassen, um sich im Urwald Brasiliens eine neue Heimstätte zu schaffen. Nur wenige unter ihnen waren in Deutschland Landwirte gewesen, die meisten hatten ihre Berufe als Kaufleute, Ärzte, Anwälte, Richter aufgeben und ein völlig neuartiges Leben als Siedler in einer Urwaldzone mit tropischem Klima beginnen müssen. Alle hatten sich im Umkreis des Städtchens Rolandia angesiedelt. Bald fuhren wir mit der »Aranha« zu Besuch auf die verschiedenen Höfe.

Bei gutem Wetter war eine solche Ausfahrt schön und erholend. Wurde man aber vom Regen überrascht – und ein solcher Regen in den Tropen kann ungeheure Wassermengen herunterbringen –, so verwandelte sich die rote Erde der Wege in glitschigen Schlamm und die Fahrten wurden abenteuerlich, ganz besonders, wenn man dabei in die früh einbrechende Dunkelheit geriet. Oft ritten wir; Max war als Kavallerist des ersten Weltkrieges ein ausgezeichneter Reiter und ritt eine schöne sehr große Stute, Mogiana genannt. Unsere Gretel war ganz mutig zu Pferd, aber ich bin nie gut geritten, ich habe es viel zu spät gelernt.

Bei befreundeten Familien blieb man über das Wochenende, wir hatten ja alle das Bedürfnis nach einem Gedankenaustausch in unserer so veränderten Lebenslage. Was wir alle befürchtet hatten, war Wirklichkeit geworden, in Europa war der unsinnige zweite Weltkrieg ausgebrochen. Grauenerregende Nachrichten erreichten uns. Auch in unserem kleinen Kreis gab es Opfer, die diesen Spannungen nicht gewachsen waren und am Leben verzweifelten.

Die Besitzungen, die wir besuchten, waren verschieden groß, keine Latifundien, bewirtschaftet waren meist nur 30 bis 40 Alqueiren, das sind 300 bis 400 Morgen. Der Rest der Ländereien war noch Urwald. Meist hatten sich die Frauen der Aufgabe gewidmet, einen Garten am Haus anzulegen, einen Gemüsegarten, einen Ziergarten und einen Obstgarten.

Es gab einen deutschsprechenden Gärtner im Städtchen Rolandia, dem wir alle sehr viel verdanken. Aus dem Süden des Landes, aus Santa Catarina, war er in die neu aufgeschlossene Landschaft von Nordparanà gekommen. Herr Unbehauen hatte Kenntnisse der brasilianischen Pflanzenwelt, und er besaß auch schon einen Bestand an Bäumen, Nutz- und Zierpflanzen. Einen Obstgarten anzulegen, war natürlich bei fast allen die erste Überlegung: Kataloge der großen Firma Dierberger aus São Paulo wurden eifrig studiert, um zu lernen, was in unserem Klima wohl am besten gedeihen würde: Orangen, Zitronen, Grapefruit, Mandarinen, Mangas, Abakaten, Guajaben, Pekan-Nüsse, Kakis, Quitten und die Fülle kirschenähnlicher kleiner Fruchtbäume wie Jaboticabas, Uvaia Doces u. ä. Auch Äpfel und Birnen sollten gedeihen, Pflaumen und Reineklauden, alles mußte erst erprobt werden. Land mit fruchtbarstem Boden hatten wir ja in Menge.

In das neu aufgeschlossene Gebiet waren Arbeitskräfte aus dem Süden des Landes, aber auch vor allem aus dem nördlichen Staat Minas Geraes eingeströmt. Dies kam unserer neuen Gegend sehr zugute. Die Kaffeepflanzungen in Minas Geraes waren vielfach schon veraltet, die Böden ausgesogen. Die Arbeiter aus Minas hatten schon Kenntnise im Kaffeeanbau. Auf allen Fazenden wurden Gruppen von einfachen Bretterhäusern gebaut, sogenannte Kolonien, möglichst in der Nähe von Quellen, dort siedelten sich die Arbeiter mit ihrem bescheidenen Haushalt und meist mit vielen Kindern an. Wie wir auch hatten sie nur Petroleumlicht, aber genügend Brennholz und Wasser. Bald waren die Häuser von Mais und Maniokapflanzungen umgeben; in einem warmen Klima auf reichem Boden lebt auch der Besitzlose ein leichteres Leben.

So fehlte es uns beim Anlegen unserer Pflanzungen und Gärten nicht an Arbeitskräften für die schwereren Arbeiten, denen wir uns nicht mehr gewachsen fühlten, ganz besonders nicht unter den so veränderten klimatischen Verhältnissen.

DER WALDBRAND

Aber um wieder ein eigenes Haus und einen eigenen Garten zu haben, mußte zunächst der Urwald niedergelegt werden, auf den wir von unserem Elevenhaus aus sahen. Schwarzgrün, undurchdringlich sah er aus, nur von den Rändern aus hatte man einen Einblick in die grüne Wirrnis hoher Stämme, Schlingpflanzen und Farne. Fremdartige Gerüche strömte er aus. Eines Tages wurde dann ein Trupp Waldarbeiter engagiert, die sich eine höchst primitive Unterkunft im Wald bauten und anfingen, die Stämme in etwa 70 Zentimeter Höhe vom Boden mit ihren Äxten abzuhauen.

Wochenlang klang das Geräusch der Äxte zu uns herüber, das geringere Buschwerk wurde umgeschlagen. Dann blieb alles fast zwei Monate zum Trocknen liegen. Die Monate Juni, Juli, August, unsere Wintermonate, bringen kaum Regenfälle. Dann kommt der große Tag des Waldbrandes. Je nach der Windrichtung steckt ein Trupp Arbeiter eine Seite des niedergelegten Waldes an, und das Feuer ergreift die Trockenmasse der Blätter und Zweige und auch einen Teil der gefällten Stämme.

Für alle Beteiligten ist es ein sehr aufregendes Erlebnis, auch für alle angrenzenden Nachbarn, die mit Recht um ihre Pflanzungen besorgt sind. Wir hatten Glück, es ging alles gut. Bis tief in die Nacht hinein beobachteten wir noch die Feuersäulen, in denen harzreichere Baumarten bis zum Boden abbrannten. Andere Baumarten erwiesen sich als unempfindlich gegen Feuer, und noch Jahre danach konnte man Peroba, Zedern und manche anderen feuerfesten Bäume aus den längst bepflanzten Feldern herausholen und zu Bauten verwerten.

Tagelang konnte man die Brandstätte nicht betreten, heiße, weiße Asche bedeckte den Boden, ein Gewirr von Zweigen und querliegenden Stämmen sah abenteuerlich wild aus. In hohen Reitstiefeln drangen wir dann doch ein, denn wir wollten uns ja möglichst bald darüber klar werden, wo Haus und Garten entstehen sollten. Entscheidend für den Platz war die Lage der schönen Quelle, die schon offen lag. Etwa dreißig Meter oberhalb und etwa zweihundert Meter entfernt mußte das Haus errichtet werden. Wir fanden ein ziemlich flaches Gelände in dem unglaublichen Gewirr von querliegenden Stämmen, Zweigen und Aschenhaufen.

Aber was doch auch schmerzlich war, wir entdeckten so viele verbrannte und verkohlte kleine Tiere: Frösche, Schlangen, Eidechsen, vom Waldbrand wohl plötzlich überrascht, bevor sie fliehen konnten. Lange habe ich eine Sammlung davon

aufgehoben, eine wehmütige Erinnerung daran, daß Leben vernichtet wurde, wo neues Leben entstehen sollte.

Im Städtchen Rolandia fanden wir einen vorzüglichen ostpreußischen Baumeister, Herrn Tolkmit, der schon einigen anderen Siedlern Häuser gebaut hatte und schnell auf unsere Pläne einging. Bretter von Peroba und von Zedern wurden bestellt, Peroba für die Wände, Zeder für Türen und Schränke. Wir konnten all dies Material in Rolandia kaufen, wo Neueinwanderer schon mehrere Sägen errichtet hatten. Auf ziemlich alten wackligen Lastwagen wurde das Material aus Rolandia herangefahren, mit manchen Abenteuern auf den primitiven Brücken der kleinen Flüsse. Eine kleine Bauhütte wurde errichtet und morgens erschien auf einem alten »Caminhão« unser immer munterer Herr Tolkmit mit seinen Bauarbeitern. Essen brachten sie mit, und abends fuhren sie wieder nach Rolandia ins Städtchen zurück. Regnete es, so verwandelten sich die Wege in Schlamm und es wurde nicht gebaut...

Ganz herrlich dufteten die aufgestapelten Bretter der Zedern und Peroben. Wir waren die glücklichen Erben der wohl jahrhunderte, ja jahrtausende alten Urwälder, die uns Flüchtlingen aus Europa eine wunderbar schöne neue Heimstatt schufen. Das Holz war so hart, daß sich die Nägel, die wir aus Deutschland mitgebracht hatten, beim Einschlagen verbogen. Brett an Brett wurde aufgerichtet, verbunden mit den etwas schmaleren Streifen der leichteren Pinie. Das ganze Haus stand auf Baumstümpfen edelster Baumarten, die mit Maultieren an Ketten aus dem geschlagenen Wald gezogen wurden. Diese Hölzer waren so hart, daß sie über zwanzig Jahre lang das Haus getragen haben, bis wir sie schließlich durch Backsteinpfeiler ersetzen mußten.

Einige Monate dauerte es, bis wir das Haus beziehen konnten. Alle Schränke wurden eingebaut, denn wir waren ja ohne Möbel nach Brasilien gekommen. Die rötliche, schön gemaserte Zeder gab dem Haus innen einen sehr einheitlichen, ruhigen Charakter. Außen wurde es zum Schutz gegen die Witterung in hellgelber Ölfarbe gestrichen. Eine große Veranda mit schönem Blick in die Landschaft war nach Osten gerichtet, geschützt vor der heißen Mittagsonne. Luftige Gänge, von dicken Perobasäulen getragen, umgaben die Zimmer; alles war leicht zu bewirtschaften. An den großen, gemauerten Herd in der Küche, der mit Holz geheizt wurde, mußte ich mich erst gewöhnen. Aber unterdessen hatten wir auch schon ein kleines Colonenmädchen als Hilfe im Haus. Sie wußte viel besser als wir, wie man in einem solchen Herd schnell Feuer anmachen kann, welche Holzarten gut brannten und nicht rauchten, und wie das alles sauber zu halten war. Auch unser Portugiesisch hatte sich schon etwas verbessert. Wir nahmen mit den Kindern unseres Partners zusammen Stunden bei einem drolligen Lehrer, aus dessen Lehrbuch wir nur sehr theoretische Dinge lernten, so daß Max lange Zeit behauptete, er könne sich nur über trockene und gesalzene Viehhäute unterhalten.

Am meisten lernten wir durch Zeitunglesen; dabei erwies sich das Latein als eine gute Hilfe für das Erlernen der portugiesischen Sprache. Wir hielten die vorzügliche Tageszeitung »O Estado de São Paulo«; bald konnten wir sie mühelos lesen.

Denn bei aller Tagesarbeit und bei aller Mühe um all das unendlich viele Neue, was wir erlebten, waren doch unsere Gedanken oft und mit brennendem Interesse bei den Ereignissen in Europa. Dort war Krieg, und wie viele Menschen, die uns nahe standen, waren dort verstrickt! Man lebte zwei Leben. Die Briefe, die hin und her gingen, spielten eine große Rolle.

Aber der Alltag forderte seine Rechte. Als wir nun unsere Kisten auspacken konnten, fragt die kleine »Concepção«, so hieß das Colonenmädchen, wann wir denn nun unseren Laden eröffnen würden, um Geschirr und Bestecke zu verkaufen. Daß Menschen so viel Haushaltsgegenstände zu eigenem Bedarf besitzen konnten, war ihr noch nicht vorgekommen. In ihren einfachen Haushaltungen hatte bestenfalls jeder einen eigenen Löffel oder eine Gabel, oft keinen eigenen Teller. Diese große gesellschaftliche Kluft zwischen uns und unseren brasilianischen

Angestellten und Arbeitern, unser mangelhaftes Portugiesisch und ihre Dialekt-Caboclo-Aussprache gaben oft Anlaß zu drolligen Szenen und heiteren Mißverständnissen. Fast all die einfachen Menschen, mit denen wir zu tun hatten, waren ungemein gutmütig und hilfsbereit. Von dem, was in der großen Welt vorging, hatten sie meist keinerlei Ahnung, woher wir kamen, was wir erlebt hatten, schien sie gar nicht zu beschäftigen. Daß sie verdienten, genug zu essen hatten, ein Dach über dem Kopf, daß für sie gesorgt wurde, wenn sie krank waren, wenn Kinder auf die Welt kamen, das schuf eine Atmosphäre gegenseitigen Vertrauens, die wohltuend für uns alle war. Die Grundhaltung habe ich immer als religiös bedingt empfunden. Wie oft hörte ich: »Tem gente pobre e tem gente rico. Es gibt arme und es gibt reiche Leute.« Wenn wir nett zueinander sind, läßt es sich leben.

In die neu aufgeschlossenen Gebiete waren Arbeitssuchende aus den alten Kaffeeanbaugebieten von Minas Geraes gekommen, auch Leute aus dem Norden, aus Goias und Piaui, Gegenden, die abwechselnd unter schwerer Trockenheit und furchtbaren Überschwemmungen leiden. Namentlich in den ersten Jahren bot unsere Gegend mit den sechsjährigen Kaffeepachtverträgen auch große Aufstiegsmöglichkeiten.

Manche unserer ersten Arbeiter sind heute wohlhabende Landbesitzer geworden. In den vierzig

Jahren unseres Hierseins hat sich der Lebensstandard der Landarbeiter bedeutend verbessert. Wir haben sofort eine Schule eingerichtet, und heute lernen auf allen Fazenden alle Kinder lesen und schreiben. Staatlich festgelegte Mindestgehälter sorgen für ein erträgliches Einkommen. Es ist für ärztliche Betreuung gesorgt, die Frauen bekommen ihre Kinder in der Klinik im Städtchen. Fast alle Häuser haben Radio und Fernsehen. In einem Mütterklub wird Schneidern, Handarbeit, Kochen und Kinderfürsorge gelehrt, wird vor allen Dingen der Kampf gegen die ständigen gefährlichen Wurmplagen geführt. Eine gute Omnibus-Linie verbindet die Fazenda mit dem Städtchen Rolandia.

Was uns von Anfang an beglückte, ist ein Vertrauensverhältnis zwischen Besitzer und Arbeiter, das sich bis heute fast durchweg erhalten hat. Die große Völkermischung Brasiliens hat Rassengegensätze sehr gemildert. Bei Schulfesten im Städtchen sieht man das blondeste Kind Hand in Hand mit einem krausen, dunkelhäutigen Kerlchen in einer Reihe marschieren.

Etwa ein Jahr nach unserer Ankunft konnten wir unser eigenes Haus beziehen. Es roch so gut nach frischem Holz, und wir wurden nicht müde, die Maserungen der Hölzer zu bewundern. Wenn auch der gute Tolkmit schließlich sein Werk besah und die schönen Worte sagte: »Zum Schluß ist es doch nur eine Bretterbude.«

Mit einem Ackerwagen, Carosse genannt, wurde der Umzug auf dem primitiven Erdweg, durch ein kleines Bächlein, auf unseren neuen Hügel bewerkstelligt. Zu viert zogen wir in das neue Haus ein. Zu uns war noch ein Frankfurter Jurist gestoßen, früher Amtsrichter in Frankfurt. Er mußte Deutschland wegen der Nazis verlassen, nachdem er greuliche Erfahrungen in einem Konzentrationslager hatte machen müssen. Wir waren glücklich, seine langsame Erholung mitzuerleben und er nahm eifrigen Anteil an unserem Neubeginn. Seine Frau Lore Simon, eine begabte Malerin, konnte bald aus Deutschland nachkommen. Die beiden beschlossen, neben uns ein gerade freiwerdendes Besitztum zu kaufen, errichteten ein Haus in unserer Nähe, und wir sind lebenslange Nachbarn und Freunde geblieben.

Aber wie sollte um dieses Haus, das in einem Gewirr umgelegter, angekohlter, riesiger Baumstämme lag, wildes Gezweig überall verstreut, eine dicke Aschenschicht, wohin man trat, wie sollte in dieser Wirrnis und Unordnung ein Garten entstehen? Tröstlich war nur der munter sprudelnde kleine Springbrunnen, der schon unterhalb der Veranda in einem Becken gefaßt war, ein Labsal für unseren kleinen Dackel und eine prächtige Vogeltränke.

Wenn wir nicht so fleißige und mit solcher Arbeit vertraute Hilfskräfte gehabt hätten, allein hätten wir das nie geschafft. So bestand unsere Arbeit hauptsächlich in der Planung. Und dabei half uns unsere europäische Erfahrung, dabei halfen uns die Kataloge der großen Samen- und Pflanzenhandlung Dierberger in São Paulo, Kataloge aus dem Süden des Landes aus dem Staat Santa Catarina, also aus den altbesiedelten Teilen Brasiliens.

Zunächst wurde alles bewegliche Holz zusammengetragen und in großen Scheiterhaufen verbrannt, schon sah es wohnlicher um das Haus aus. Dann wurden Gartenpläne gezeichnet: Gemüsegarten, Obstgarten, Ziergarten, Zufahrtswege. Einige Erfahrungen mit den klimatischen Bedingungen hatten wir ja in dem ersten Jahr gesammelt, hatten die Gärten von Nachbarfarmen besucht und beobachtet und wußten, was uns wichtig war.

Der Gemüsegarten mußte an der Ostseite des Hauses liegen, wo er die Morgensonne bekam und uns nichts von dem schönen Blick von unserer Veranda auf die hügelige Landschaft nahm, die noch fast ganz von jungfräulichem Urwald bedeckt war, in dem bei unserem Einzug die Tibouchinas blühten. Der Zufahrtsweg durfte nicht zu dicht beim Haus sein, sonst hätte er zuviel Staub und bei Regen die unglaublich rote, klebrige, fette Erde ins Haus gebracht. Außerdem war mir immer das Bild englischer Gärten im Sinn, in denen der Rasen dicht ans Haus gezogen wird und man das Gefühl hat, im Grünen zu wohnen. Dies ist auch heute noch einer der Hauptreize unseres Gartens geblieben. Das Ziergras, das viel dickhäutiger in den Tropen ist, wird merkwürdigerweise nicht gesät, sondern in bewurzelten Büscheln gepflanzt, die sich bald zu einer dichten Decke schließen. Es gab da viele Sorten, wir wählten das hellgrüne Gramma Jesuita, es schließt sich bald und läßt kaum Unkraut aufkommen.

Dann kam das Entscheidenste und Wichtigste: Das Pflanzen der Obst- und Zierbäume und der Hecken, die da mitten in der Wildnis der Rodung das heimelige Gefühl des Gepflegten und Behüteten geben sollten.

»Sag ichs Euch, geliebte Bäume,
die ich ahndevoll gepflanzt...
Wachset wie aus meinem Herzen,
Treibet in die Luft hinein,
Denn ich grub viel Freud
und Schmerzen
Unter eure Wurzeln ein.
Bringet Schatten, traget Früchte,
Neue Freude jeden Tag:
Nur daß ich sie dichte, dichte
Dicht bei ihr genießen mag.«

Dies schrieb Goethe 1780 an Charlotte von Stein, als er seinen ihm vom Herzog geschenkten Garten vor den Toren Weimars anlegte. Und wie unzählig oft haben wir dies Gedicht nachempfunden und zitiert!

So wie erst der Garten in Weimar Goethe die endgültige Trennung von Frankfurt ermöglicht hat – darüber gibt es viele Zeugnisse –, so hat auch uns das Anlegen des Gartens, sein Wachsen, Blühen, Früchtetragen in dem so neuen fremden Land verwurzeln lassen, und das unsagbare Leid der Trennung, die grauenhaften Erlebnisse der Nazizeit überwinden helfen. Und wie das gemeinsame Leid die Liebe vertieft, so half uns das gemeinsame Neugestalten von Haus und Garten.

Wir hatten das große Glück, von unserem Geschick auf eine der fruchtbarsten Erden der ganzen Welt verschlagen worden zu sein. Das verdanken wir der englischen Landgesellschaft, der Paranà Plantations Ltd., die diese unbewohnten Wälder im Staate Paranà in Brasilien angekauft hatte, um durch sie eine Eisenbahnlinie nach Paraguay zu bauen. Verwitterter Diabas, ein vulkanisches Urgestein, ergab eine leuchtend rote Erde, porös und doch gehaltvoll genug, um die üppigste Vegetation zu entwickeln. Der Urwald lieferte dazu noch eine Decke vom Humus der verwitterten Blätter. Das Klima in Höhen von 600 bis 700 m in hügeligem Gelände ist für Europäer absolut zuträglich. Die jährlichen Niederschläge betragen zwischen 1500 bis 1700 Millimeter. Gefährlich für den Kaffee sind gelegentliche Nachtfröste in den Monaten Juni, Juli, August. Wenn das Thermometer im Sommer auch mittags manchmal 35 bis 36 Grad Celsius im Schatten zeigt, so kühlt es doch bis auf ganz seltene Tage nachts erfreulich ab. Und es gehört mit zu unseren schönsten Naturerlebnissen, abends im Kühlen in den Liegestühlen auf dem großen Rasen vor dem Haus den Mond und den so hellen südlichen Sternenhimmel zu beobachten.

Max hatte sich in die Landwirtschaft einzuleben, er ritt nach Rolandia ins Städtchen, um die notwendigen geschäftlichen Dinge zu erledigen, er nahm sich der Buchführung an. Wir hatten im Anfang wie fast alle Fazenden eine große Schweinezucht. Und drollig kam es mir doch vor, wenn er, statt mit Akten zum Gericht zu gehen, mit einem Caminhao voller Schweine zum Verkauf nach Rolandia fuhr. Huh... Der Verkauf der Baumwolle war oft sorgenvoll, denn wenn auf die geplatzten Baumwollkapseln ein Regen gefallen war, wurde die Baumwolle niedriger bewertet.

Schon wegen der Post war jeder Ritt nach Rolandia ein wichtiges Ereignis. Die Zeitung aus São Paulo, die Briefe, die uns mit den nun über die halbe Welt zerstreut lebenden Verwandten verbanden, die Nachrichten von den Freunden und Verwandten, die wir in Deutschland hatten zurücklassen müssen – wie wichtig waren neben den Mühen und auch Sorgen des Alltags diese Verbindungen für uns geblieben!

Bevor wir den eigenen Garten anlegten, sahen wir uns natürlich die Gärten der Siedler an, die schon einige Jahre vor uns angekommen waren und bereits eine Menge Kenntnisse erworben hatten. Von ihnen hatten wir viel zu lernen.

In einem Umkreis von Rolandia lebten etwa 50 bis 60 solcher Siedler, deren Besitz zu Pferde oder mit der Aranha, dem kleinen Pferdewagen, bei gutem Wetter leicht erreichbar war. Bald gewannen wir unter ihnen Freunde, bei denen man dann auch gern über ein Wochenende blieb. Da sie alle Deutschland wegen der Nazis verlassen hatten,

verband uns natürlich auch eine gemeinsame Haltung gegenüber dem Weltgeschehen. Es wurden Briefe und Nachrichten ausgetauscht. Daß wir uns gerettet vorkamen, entließ uns nicht aus der unsagbaren Sorge um Angehörige und Freunde, um die Zukunft Europas.

Diese erste Zeit in Rolandia hat wohl uns alle, die wir sie gemeinsam erlebt haben, einander sehr nahe gebracht, und jeder, der durch den unausweichlichen Tod aus unserem Kreis weggeht, hinterläßt bei uns, die wir überleben, eine Lücke, die sich nie schließen kann.

Sich einen Garten anzulegen ist wohl der Urtraum jedes Menschen, der auf dem Lande oder wie ich in einer kleinen Stadt geboren worden ist. Solch ein Urtraum ist ja auch das Rosengärtchen in Andersens Märchen von der Schneekönigin, in dem der kleine Kay und seine Gerda in der Dachrinne ihre Spiele spielen.

Und nun war es so interessant zu beobachten, wie die verschiedenen Siedler ihre Gärten gestaltet hatten. Kam man auf die Fazenda »Bimini«, die ihren Namen nach dem schönen romantischen Gedicht von Heinrich Heine bekommen hat, so dachte man sofort »Pfaueninsel« – eine Havelinsel, wo die Eltern des Siedlers gewohnt hatten: großzügige Rasenflächen, von schönen Baumgruppen eingefaßt. Am häufigsten besuchten wir die Eltern Koch-Weser, bei denen wir dann auch oft über ein Wochenende blieben. Erich Koch-Weser, alter Demokrat, ein Politiker von Rang, der in der Weimarer Republik hohe Stellungen innegehabt hat, war eigentlich der Mann, der uns den Mut gegeben hatte, in Rolandia zu siedeln. Max kannte ihn aus der politischen Betätigung in der demokratischen Partei. Mit ihm hatten wir in Deutschland unsere Pläne besprochen.

Koch-Wesers waren schon 1933 mit vier ihrer Söhne nach Rolandia gekommen. Später war der Hauslehrer Götz Ziegler, der Deutschland auch wegen der Nazis verlassen hatte, gefolgt. Sie hatten an einem Abhang, der zu ihrem großen Holzhaus führte, ein schönes Stück Urwald stehen lassen. Und so erlebten wir, wenn wir auf der holprigen, schmalen Straße zu ihnen fuhren oder ritten, ein Stück richtigen ursprünglichen Urwald. Oft haben wir dabei Cachorros do Matto, fuchsähnliche Tiere, und Papageien, Tukane und andere für uns fremdartige Vögel beobachten können. Der Urwald strömt einen ihm eigenen Geruch aus, es soll ja 5000 verschiedene Baumsorten in Brasilien geben. Besonders beeindruckend waren immer die herrlichen Baumfarne mit ihren stolzen Kronen.

Als wir 1939 die Familie Koch-Weser besuchten, manchmal über ein Wochenende, hatten sie rings um ihr Haus schon Gartenanlagen: Einen reichen Gemüsegarten, große Rasenflächen vor dem Haus, von Blumenbeeten und blühenden Bäumen umschlossen. Viele gute Gespräche haben wir auf der schönen, großen Veranda führen können. Neben den brasilianischen Tagesfragen und Problemen, den Gesprächen über die Fazenden, wanderten unsere Gedanken natürlich nach Europa, wo der Krieg seinen unheilvollen Verlauf nahm. Die so unglaublich reich und schön blau blühenden Jacaranda-Bäume bei Koch-Wesers sind für mich noch immer verbunden mit den Schreckensnachrichten der Anfangserfolge der Nazis im europäischen Krieg, mit dem Einfall in Polen, mit dem Einmarsch in Paris. Man mochte sich die Schönheit gar nicht gönnen. Dabei dachte ich immer an den Ausspruch von Bertold Brecht: »In was für Zeiten leben wir, daß es einem wie ein Verbrechen vorkommt, von Bäumen zu sprechen.«

Der älteste Sohn von Erich Koch-Weser, Geert, hatte sich mit seiner Frau Els und seinen Kindern ganz in der Nähe der Eltern angesiedelt. Auch sie hatten ein Stück Urwald zu beiden Seiten einer mit schönen Eukalyptusbäumen eingefaßten Zufahrt stehen lassen. Sie wohnten in einem winzigen, immer blankgescheuerten Haus, mit dem uns viele gute Erinnerungen verbinden. Eine ganz besonders lustige gilt einem Besuch zum Mittagessen, bei dem es Erbsensuppe als Hauptgang und zum Nachtisch eine Siebkässpeise gab, für die Els berühmt war. Wir waren mit der Aranha gekommen und hatten unser braves Pferdchen Durado dicht beim Haus angebunden, weil wir bald nach Tisch wieder aufbrechen wollten.

Als wir nach dem Essen anschirren wollten, war unser gutes Pferd verschwunden, und zu unserer großen Bestürzung sahen wir nur seinen Kopf aus der Abfallgrube auftauchen, deren Deckel offenbar unter der Last des Pferdes eingebrochen war. Auf seiner Nase befanden sich die Reste unseres Mittagessens: Erbsensuppe und Siebkäse schön durcheinander. Es sah ungemein komisch aus. Graf Gahlen, damals Eleve bei Geert, Geert und mein Mann zogen dann mit Stricken das arme Tier aus der Grube, über und über mit Abfällen und Schlamm bedeckt. Und dann schüttelte es sich ordentlich,

Erbsensuppe, Siebkäs und Schlamm spritzten auf seine Retter. Es war ein warmer Tag, niemand war zu Schaden gekommen, und für uns ist es immer eine sehr lustige Erinnerung geblieben. Bei Els und Geert konnte man auch schwimmen. Sie hatten das Flüßchen Rio Vermelho, das durch ihr Land floß, gestaut, und die kleinen Kinder bekamen ausgehöhlte Kürbisse um die Ärmchen gebunden und lernten so, sich ohne Angst im Wasser zu bewegen. Später nach den ersten Kaffee-Ernten haben Els und Geert sich ein schönes großes Haus gebaut, mit Schulräumen für die fünf Kinder, die zusammen mit anderen jungen Siedlerskindern von deutschen Hauslehrern so gut unterrichtet wurden, daß später vier von ihnen das deutsche Abitur bestehen konnten. Sie leben nun über die ganze Welt verstreut, und ich denke mir, manchmal wird sich doch einer von ihnen an diese Urwaldschule zurückerinnern, wo es vorkam, daß ein Äffchen aus dem nahen Wald seinen Kopf zum Fenster hereinstreckte, auch mal ins Haus kam und Schubladen ausräumte... Der Garten um das Haus wurde besonders schön mit Rasenflächen, Blumenbeeten und Gemüse- und Obstgarten angelegt. Er grenzte an ein Stück Urwald. Darin war ein schmaler Pfad, eine Pikade, als Rund- und Irrgang angelegt, so daß man sich im dicksten Urwald glaubte, die riesigen Stämme der Figueira Brava, Eisenbäume, große Perobas, viele Palmitos und Coqueiras und die bei uns heimischen Orchideen bewundern konnte – und dann stand man plötzlich wieder auf der Pferdeweide. Oft und gern haben wir diesen Gang gemacht, der immer ein Erlebnis war. Denn ohne eine solche Pikade konnte man ja sonst nie Urwald betreten, man konnte ihn nur immer von außen bewundern, da er durch die vielen Schlingpflanzen und besonders durch den niederen Bambus, der dort in Mengen wächst, ohne Buschmesser nicht zu betreten ist. Eine besondere Freude für uns waren in diesem Stück Urwald die vielen Palmitos, eine in den Urwäldern Brasiliens wachsende Palmensorte. Sie sind Anzeichen guter Böden. Sie sind in unserer Gegend nahezu ausgerottet. Der grüne Teil unterhalb der Blattkrone wird ausgeschält und enthält die als Leckerbissen in der ganzen Welt verkauften »Palmitos«, zarte Palmensprößlinge, aus denen sich die grünen Blätter später entwickeln. Um zu diesen Leckerbissen zu gelangen, muß eine »ganze« schöne Palme umgehauen werden. Und sie wächst nicht wieder nach.

Auch die vielköpfige Familie Schauff hatte eine großartige Gartenanlage geschaffen. Ein ganzer Hügel bot mit Grasflächen, Baumgruppen und Blumenbeeten, mit aus dem Urwald stehen gebliebenen riesigen Perobabäumen einen ganz eigenartigen Garteneindruck. Ein Stück Urwald schloß sich an, in dem eine Pikade durch Bächlein und Wassertümpel führte, in denen üppige Baumfarne gedie-

hen. Auch dort waren die eindrucksvollsten Bäume die riesigen Würgerfeigen mit ihren hochreichenden Brettwurzeln. Ich habe dort oft mit meiner Malersnachbarin Frau Simon gemalt und die Erinnerung an die Urnatur hier wachgehalten.

Unser erster Besuch auf dieser Farm, als sie noch im Entstehen war, – Schauffs waren gerade in Europa und junge Verwandte lebten als Verwalter dort, – vermittelte uns einen unserer ersten Eindrücke von der Andersartigkeit unseres neuen Lebens. Wir kamen mit dem Wägelchen vor einem primitiven Holzhaus an, ein junges Ehepaar mit einem Baby empfing uns freundlich. Neben dem Haus war ein ganzes Feld mit Ananas bepflanzt. Und eine ziemlich schwarze Bediente wurde ausgeschickt und kam mit einem Korb reifer Ananas zurück, mit denen wir dann köstlich bewirtet wurden. Eine ganze Ananas bekam jeder aufgeschnitten – der Traum europäischer Kinder.

Es gab natürlich auch kleinere Besitzungen von deutschen Einwanderern. Da hatten die Ankömmlinge selbst den Waldschlag gemacht, sich sehr primitive Häuser aus Palmbäumen gebaut. Aber bei dem Reichtum des Bodens, der sehr schnell Erträge von Mais und Reis und Bohnen abgab, auf dem die Mamaos, die Baummelonen, schon im ersten Jahr köstliche Früchte trugen, Schweine mit Maniok schnell fett wurden, da hatten auch die kleinen Besitzer das Gefühl, vorwärts zu kommen und sich in dem neuen Land einzuleben. Die Kinder konnten häufig zu einem älteren Nachbarn in die Schule gehen, man half sich gegenseitig. Hühner und Patten – eine große Entenart – gediehen schnell, und am Anfang waren wir alle mehr oder weniger Selbstversorger.

»Der praktische Ratgeber für den deutschen Kolonisten in Brasilien« von S. Decker war ein Lehrbuch, das wir eifrig lasen und aus dem wir auch viel gelernt haben. Viel Spaß hatten wir natürlich auch an seiner primitiven Ausdrucksweise, wir besonders, die aus den Städten kamen. Da standen Sätze: »Der Dünger ist der Fuß des Landwirts, aber das Auge des Züchters ist es, das das Vieh mästet.« Oder in unserem Geflügellehrbuch der schöne Satz: »Wer seine Hühner nachts aufbäumen (das heißt auf Bäumen schlafen) läßt, richtet sich selbst.« Alle hielten wir natürlich Hühner und Patten. Patten sind besonders wohlschmeckend, an Größe etwa zwischen Gans und Ente und von eigenem Geschmack. Wer sie mästet, konnte sie sehr gut verkaufen.

Aber in einem tropischen Klima gedeihen ja nicht nur die nützlichen Dinge so gut, sondern auch die vielen Räuber, die es zu bekämpfen galt. Da gab es den Gamba, die große Beutelratte, die nachts Eier, Hühner und Kücken fraß. Tagsüber setzten die oft metergroßen Eidechsen namentlich den Kücken nach. Oft bin ich nachts aufgestanden, weil ein Huhn, vom Gamba angefallen, so greulich schrie, daß man ihm einfach zu Hilfe kommen mußte. Mit Fallen fing man große Ratten und kleine Mäuse, die von den Feldern in Menge in Häuser und Ställe kamen. Mit der Zeit wurden wir mit dem Ungeziefer fertig, und unsere Gretel, die eine große Tierliebhaberin ist, bat oft um Gnade für einen in der Holzfalle gefangenen Gamba. Es gab auch sonst noch Plagen. Da waren die Wanderameisen, die in Riesenzügen ins Haus kamen und sehr lästig werden konnten, vor allem, wenn sie nachts die Hunde in ihrem Gehege heimsuchten, die man dann mit viel Mühe von den Plagegeistern befreien mußte. Sie waren aber auf der anderen Seite auch wieder nützlich, weil sie mit den Baratten, den Küchenschaben, aufräumten, die einfach alles anfressen, mit Vorliebe Bücher... Solange wir noch Schweine zogen, waren wir oft von Sandflöhen geplagt. Sie legen ihre Eier besonders gern unter die Nägel der Fußzehen. Entdeckt man sie nicht sofort an einem leichten Jucken, so entwickeln sich die Eier zu dicken Säckchen, die man mit einer spitzen Nadel unschwer entfernen kann. Es tut etwas weh dabei. Aber läßt man sie sich entwickeln, kann es zu bösen Vereiterungen an den Füßen und zu Drüsenanschwellungen führen. Heute, wo wir Spritzmittel gegen die Plagegeister haben, sind wir fast ganz von ihnen befreit. Aber auch heute noch kann man einen erschreckenden Überfall von Ameisen, großen und kleinen, im Haus erleben, der gar nicht so leicht abzuwehren ist. Es gibt hier ein Sprichwort: »Brasilien wird eines Tages den Ameisen gehören.« Es soll die meisten Ameisensorten aller Länder der Welt aufzuweisen haben.

Große Freuden erlebten wir mit den Schmetterlingen. Namentlich in den ersten Jahren unseres Hierseins gab es sie in Fülle und in den verschiedensten Farben, Formen und Größen. Ritt man auf einem Urwaldpfad, so mußte man einfach das Pferd anhalten, wenn hunderte von Bläulingen um eine

Pfütze oder um verfaulende Hölzer und mit besonderer Vorliebe auf Tierexkrementen saßen. Handtellergroße blaue Morphos schwebten lautlos und leicht zwischen den Baumstämmen. Ich mußte an eine Reinhardt-Aufführung des Sammernachtstraums im Berliner großen Schauspielhaus denken, nur der Puck fehlte, es war überirdisch schön und traumhaft. Der junge Darwin hat einmal über seine Eindrücke in brasilianischen Urwäldern geschrieben: »Entzücken ist ein schwacher Ausdruck, die Gefühle zu beschreiben, die ein Naturliebhaber empfindet, wenn er allein zum erstenmal durch einen brasilianischen Urwald wandert. Ein solcher Tag bringt ihm ein tieferes Glücksgefühl als er es je wieder zu empfinden hoffen kann.« Hin und wieder sahen wir auf solchen Ritten auch wohl eine kleine Affenherde, die mit Geschnatter durch die Zweige turnte. Auch einem großen Ameisenbär sind wir einmal begegnet. Er hat scharfe Krallen, die er benutzt, um die oft harten Ameisenhügel auszugraben; es sind nützliche Tiere. An den hier so gut gedeihenden Zinnien sahen wir große gelbe Schwalbenschwänze, und es gibt noch heute in unserem kleinen Eukalyptuswäldchen am Eingang des Gartens einen Schlafbaum für hunderte, ja tausende von gelbroten Schmetterlingen, die abends dicht aneinandergehängt zu beobachten sind. Aber der Reichtum an Schmetterlingen ist hier ebenso wie in Europa sehr zurückgegangen, seit wir gegen Schädlinge in den Kaffeepflanzungen und auf den Feldern Gift spritzen müssen. Wenn jetzt ein blauer großer Morpho gegen Abend unter den Abakatenbäumen schwebt, so ist das immer eine besondere Freude. Um die Fragen des Naturschutzes gibt es auch in Brasilien eine mit Leidenschaft geführte Auseinandersetzung. Brasilien hat im Gebiet des Amazonas und seiner großen Zuflüsse noch große Strecken Urwald. Um die Erhaltung dieser unberührten Natur wird von unserem namhaften Naturschützern wie Burle-Marx und dem Kolibriforscher Augusto Ruschi gekämpft. Ruschi ist es neuerdings erfreulicherweise gelungen, ein großes Gebiet im Staate Espirito Santo vor der Abholzung zu bewahren.

DER ZAUBERGARTEN DER KOLIBRIS

Als die englische Gesellschaft ihre Ländereien an die Siedler verkaufte, bekamen die Käufer die Auflage, zehn Prozent des Urwaldlandes beim Waldschlag stehen zu lassen. So gehört auch zu unserer Fazenda noch ein Stück ursprünglichen Urwaldes. In ihm befindet sich eine schöne Quelle, die wir gefaßt haben. Zu ihr kommt auf einem schmalen Pfad das Vieh von den hinteren Weiden zur Tränke. Denn auch schon bei uns wird es wegen der Insektiziden, die im Kaffee und auf den benachbarten Fazenden gegen die Schädlinge der Sojapflanzungen gespritzt werden, langsam gefährlich, das Vieh aus dem Bach Jaù trinken zu lassen, der unsere Fazenda begrenzt.

Wir haben bei der Anlage unseres Gartens versucht, den ursprünglichen Urwaldcharakter in etwa wieder herzustellen. Am Eingangsweg bilden jetzt nach fast vierzig Jahren über dreißig Meter hohe Eukalyptus-Bäume ein Wäldchen, und alle Bäume sind berankt mit Philodendren, Bromeliazeen, Orchideen, Moosen und Lychen aller Arten. Eine mehrmals im Jahr üppig blühende Bougainvilla, hier Primavera genannt, möchte der Eingang zu

Klingsors Zaubergarten sein – wie Besucher oft unseren Garten nennen – wenn ihre blühenden Zweige ein herrliches Gartentor bilden. Ein mit großen, roten Sandsteinplatten aus hiesigem Gestein gepflasterter Weg führt am Rasenplatz vor dem Haus vorbei zu einem Rundplatz, den wir mit Bäumen verschiedenster Art, vor allem mit weißblühendem Eukalyptus vor fast vierzig Jahren umpflanzt haben. Diese Bäume sollten zunächst da sein, um die Pferde der Besucher anbinden zu können. Inzwischen sind sie über dreißig, vielleicht vierzig Meter hoch geworden. Und wenn Klingsors Zaubergarten dazu diente, schöne Frauen darin gefangen zu halten, so danken wir dem ein- bis zweimal im Jahr herrlich blühenden weißen Eukalyptus, daß er uns die schönsten Vögel der Erde anlockt, die Kolibris. Es gibt Tage, an denen es in dem blühenden Eukalyptus laut surrt von dem Geräusch der Flügel dieser zaubrigen Geschöpfe. Wir haben von dem Kolibriforscher Ruschi gelernt, wie man die Kolibris mit Zuckerwasser in kleinen Glasflaschen füttert, und so schwirren an manchen Tagen bis zu dreißig oder sogar vierzig dieser sagenhaft bunten, kleinen Wesen an den Fläschchen – neben den Köpfen der Besucher auf unserer Veranda. Offenbar ihrer ungeheuren Beweglichkeit und Schnelligkeit wegen sind die Kolibris ganz furchtlos. Sie setzen sich einem auf den Finger, wenn man ihn an die Öffnung der kleinen Flaschen hält,

aus denen sie mit ihren gespaltenen langen Zünglein gierig trinken. Ihre irisierenden, unbeschreiblich bunten Farben kommen vor allem zur Geltung, wenn die Sonne darauf scheint. So kann es einem passieren, daß man im Vorbeigehen an einem Blumenbeet den winzigen Vogel kaum sieht, und bei einer Drehung leuchtet einem ein überirdisches Grün, Blau oder Rot entgegen.

Wir haben in unserer Bibliothek eine große Anzahl von Büchern und Zeitschriftenberichten über die Kolibris. Auf brasilianisch heißt der Kolibri »Beijaflor«, Blumenküsser, eine wirklich passende Bezeichnung, wenn man die Winzlinge in der freien Natur beobachtet.

In den ersten Jahren unseres Hierseins machten Scharen kleiner grüner Papageien in den Eukalyptusbäumen oft solchen Lärm, daß er uns auf der Veranda lästig wurde. Sie sind mit den Jahren fast verschwunden, wohl seitdem es weniger Urwald in unserer Gegend gibt. Vielleicht sind sie auch von den Arbeitern geschossen worden, ihr Fleisch soll wohlschmeckend sein. Dafür haben sich andere Vögel, die der Waldbrand vertrieben hatte, wieder eingestellt: Spechte, und die hellgelb leuchtenden Bemtevis, so genannt nach ihrem etwas kreischenden Ruf, den man fast den ganzen Tag hören kann. Ein viel beliebterer Vogel ist der verwandte Bemtevi Mirim, der wie eine Bachstelze auf dem Rasen spazieren geht, Ameisen und kleine Käfer vertilgend. Für die vielen Zaunkönige haben wir leere Kalabassen zum Nesterbauen aufgehängt. Jahrelang hatten wir ein Zaunkönignest in einem Körbchen an der Kleiderablage der Veranda, bis in Scharen auftretende Vogelmilben der Freude ein Ende machten. Wie eine Bachstelze spaziert auch der Joao Barro auf den Wegen, wo er Schlamm für sein Nest zusammensucht. In unserer Baumrunde beim Haus steht zwischen den Eukalyptusbäumen ein von uns aus einem Samen gezogener Guapuruvu. In ihm baut der Joao Barro (zu deutsch: Hans Lehm) mit Vorliebe sein kunstvoll aus Erde geklebtes, oft zweistöckiges Nest.

Als man den alten Moltke nach seinem so erfolgreichen Leben einmal fragte, was ihm denn noch eine tiefe Freude im Alter bereite, da sagte er:

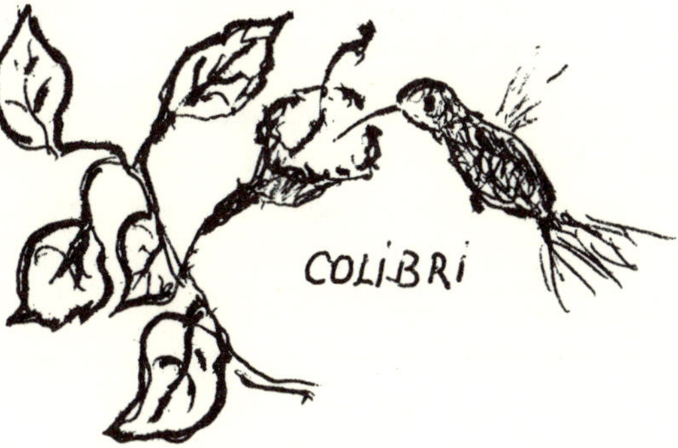

»Einen Baum wachsen sehen.« Das haben wir selbst so empfunden, als sich mit den Jahren dieser herrliche wohl 40 Meter hohe Baum unter unseren Augen entwickelte, ein Riese mit hohen Brettwurzeln. Jedes Frühjahr bedecken seine gelben Blüten den Boden in seiner Umgebung mit einem dichten Teppich.

Die Sabia, eine Drossel, gilt als eine der charakteristischsten Vogelarten Brasiliens, sie ist im ganzen Land verbreitet. Sie singt wundervoll in Abend- und Morgendämmerung, ganz besonders schön die Abart Sabia da Roca, verwandt mit dem nordamerikanischen Mocking Bird. Unsere Frühstücksgäste auf der Veranda sind bevorzugt die Tangare, blaue und grüne Finkenarten, die sich ebenso wie die Sabias und Bemtevis gütlich tun an Baummelonen,

Bananen, Mangas und Kakis, die in einem Körbchen für sie bereit stehen.

Da wir nun statt Pferde Autos haben... haben wir in der Baumrunde Wasserbecken angelegt, mit Seerosen und anderen schwimmenden Wassergewächsen bepflanzt, zwischen denen sich Goldfische, Kärpflinge, Tilapias und Guppis tummeln – zur Freude aller Kinderbesucher, die die Fische füttern dürfen. Auch viele Sorten sehr großer Frösche haben sich angesiedelt, auch Kröten, die wir gern als Vertilger der Schnecken im Gemüsegarten sehen. Wir haben verschiedentlich beobachtet, wie diese großen Frösche Vögel angegriffen und sie mit schnellem Sprung am Boden erhascht haben. Es scheint dies noch selten gesehen worden zu sein, denn ein Bericht darüber weckte Erstaunen bei dem uns bekannten Vogelforscher Professor Sick in Rio. Er hat dann unsere Beobachtungen durch eigene Erfahrungen später bestätigt.

Den Reichtum an Vogelarten hier kann ich nicht aufzählen: Da sind die immer in Gruppen auftretenden, den Elstern ähnelnden großen schwarzen und grauen Anus, die sehr nützlich sind, da sie dem Vieh die Fliegen und Zecken abfressen. Aber da gibt es auch schädliche Papageien, die den jungen Mais fressen. Pünktlich kommen zur Reisernte in Scharen winzige graue Vögel, die oft großen Schaden anrichten. Neben dem Gesang der Sabias in den Dämmerstunden morgens und abends ist uns das vertraute-

ste Gartengeräusch das unterschiedliche Gurren vieler Taubenarten, großer und ganz kleiner. Sie nisten gern in den Farntöpfen der Veranda, und wir können Eiablage, junge Vögel, das Füttern und die ersten Flugversuche ganz aus der Nähe beobachten. An diesen ersten Ausflügen, die er genau abwartet, ist leider auch unser kluger kleiner Spitz Puck sehr interessiert. Trotz unseres Abwehrens erwischt er manchmal einen von den kleinen Vögeln und verspeist ihn mit Behagen auf dem Rasen. Es scheinen genug übrig zu bleiben, denn abends kommen die Tauben in Scharen zu ihren Schlafbäumen in der Baumrunde, fliegen in die obersten Zweige, wo sie offenbar sicher sind vor den nächtlichen Gambas. Auch Kolibris nisten gern am Haus, und die Aufzucht dieser winzigen Tiere zu beobachten ist immer ein Erlebnis.

Viele Vögel nisten in der Eukalyptusrunde, da alle Bäume dicht mit Schlingpflanzen bewachsen sind, mit den verschiedensten Sorten der reichen Philodendronarten, die wohl 25 bis 30 Meter hoch klettern, sich anklammern, ohne den Bäumen zu schaden, da sie lange Wurzeln immer wieder neu zur Erde schicken, echte Epyphiten. Auch rings um die Bäume lassen wir sie mit ihren oft 70 bis 80 Zentimeter langen, gezackten Blättern am Boden wuchern und ihre großen Aronstab-ähnlichen Blüten entwickeln, aus denen eine bananenähnliche Frucht entsteht, hier Banana de Macaco, Affenbanane, genannt. Gerade diese riesigen Kletterpflanzen geben dem Garten den urwaldähnlichen Charakter. Diese wuchernde Wildnis bietet natürlich auch manchmal Unterschlupf für wilde Kaninchen oder Hasen. Unsere kleinen, aber sehr klugen und zakkigen Hunde werden mit denen fertig. Aber auch die gelegentlich erscheinenden Schlangen nehmen wir gern in Kauf für die großartige Wildheit des Naturwuchses.

DER OBSTGARTEN

An die Eukalyptusrunde schließt sich der Obstgarten an mit einer Anzahl der köstlichsten Mangasorten, die im Hochsommer reifen; riesige Bäume, die als solche schon ein Vergnügen anzuschauen sind. Auch mit den Abakaten geht es uns so. Die herrlichen weitverzweigten Bäume liefern viele Monate lang ihre länglichen, großen, grünen Früchte. Ihnen folgen die Kakibäume, im Februar-März leuchtend mit ihren knallroten, apfelrunden Früchten. Sie stammen aus Ostasien und werfen im Winter ihr Laub ab, was hier die wenigsten Bäume tun. Im Herbst leuchten sie als einzige mit gelbroter Färbung. Dann folgt eine Pflanzung mit den hier so gut gedeihenden Zitrusfrüchten: Orangen, Zitronen, Mandarinen, dazwischen die Baummelonen Mamaos. Die nehmen mit den bescheidensten Plätzchen vorlieb und säen sich häufig selbst aus abgefallenen Früchten aus. Diese Mamaos sind die Frühstücksfrucht der Brasilianer, sie enthalten sowohl in den Früchten wie auch in ihren Blättern sehr viel Pepsin, ein die Verdauung förderndes Mittel. Die gro-

ßen, schön geformten Blätter werden häufig in der Küche benutzt. Wenn man das Fleisch weich haben will, wickelt man es ein paar Stunden oder über Nacht in Mamaoblätter ein. Besonders geschätzt werden hier die kleinen Galego-Zitronen, ihnen wird Heilkraft für viele Krankheiten zugeschrieben. Aber vor allem sind sie eine unentbehrliche Zutat zur Herstellung des berühmten Caipirinho, der aus dem Zuckerrohrschnaps Pinga, Zitronensaft, Zucker und einem Zweiglein Gewürz – bei uns ist es Pfefferminz – sehr zeremoniell hergestellt wird. Jede Familie hat da ihre eigenen Rezepte. Er wird meist vor Tisch gereicht. Aber in der Stadt kann man nachmittags in den Cafés alte und auch junge Herren um den Tisch herum sitzen sehen, jeder ein Gläschen des berühmten Caipirinho vor sich, der langsam kennerisch genossen wird. Durch die in der Flüssigkeit schwimmenden, grünen Zitronenstückchen hat der Caipirinho eine schöne Farbe, was den Genuß dieses Nationalgetränks noch erhöht. Pinga ist hierzulande, wo das Zuckerrohr so gut gedeiht, sehr billig, und Caipirinho heißt auf deutsch Bäuerchen, Volksgetränk, jeder Caboclo kann es sich leisten. Unsere ausländischen Besucher lieben ihn, er schmeckt »brasilianisch«. Für uns gehört er zu jedem festlichen Mahl, und schon die Zubereitung mit der sehr wohlriechenden Galego-Zitrone ist ein Vergnügen; Kenner unterhalten sich darüber.

Der mit Backsteinen aus der eigenen Ziegelei gepflasterte Zugang zur großen Haustreppe wurde 1970 mit drei verschiedenen Sorten von Azaleen eingefaßt, in Erinnerung an die schönen Azaleentöpfchen, die wir in Frankfurt so gern in unseren Zimmern hatten. Wir gaben eine gute Kuhmistunterlage zu beiden Seiten. Heute bilden diese Azaleen einen vier Meter hohen Laubengang zur Treppe, fast das ganze Jahr mit einigen Blüten. Aber in den Monaten April bis Juli sind sie ein riesiger, roter, rosa und weißer Blütentraum, in dem man kaum grüne Blätter sieht, in der frühen Morgensonne und auch gegen Abend ein Rausch von Farben. Um die Wasserbecken haben wir, in Erinnerung an die Villa Carlotta am Comer See, Azaleen und Kamelien gemischt angepflanzt. So sind sie uns in ihrer Blütenpracht auch immer tröstlich als Erinnerung an glückliche Ferientage geblieben. Nur sind sie in

unserer wunderbaren roten Erde viel, viel größer geworden als ihre europäischen Verwandten, wie auch die Hortensien am Haus mächtiger und farbiger blau sind, als unsere im Frankfurter Garten in der Kleebergstraße jemals waren.

Mit Korb und Gartenschere mache ich meinen Morgenspaziergang durch den Garten, in dem der junge Salvador schon fleißig in dem reich besetzten Gemüsegarten arbeitet. Wenn wir die Tagesarbeit miteinander besprochen haben – er muß ja all die schweren Arbeiten machen –, dann sammle ich in meinem Korb die reifen Früchte, die von den Obstbäumen in der Nacht heruntergefallen sind. Das muß man morgens tun, denn sonst holen alles die vielen Vögel. Dabei komme ich mir doch vor wie in einem Garten Eden: Den Korb voll Abakaten, Mandarinen, Orangen, Mamaos, die viele Menschen erfreuen und ernähren werden.

BRASILIANISCHE NACHBARGÄRTEN

Unsere nächsten Nachbarn und Partner haben einen besonders schönen Blumengarten an ihrem Haus angelegt. Und da sie nahe an einem Quellengebiet gebaut haben, konnten sie Fischteiche anlegen für Karpfen und Tilapias. Sie erfreuen ihre Nachbarn mit Einladungen zu leckeren Fischessen. Eine Quelle fließt dort in ein großes Schwimmbad, hier Piscina genannt, eine Erquickung für uns alle an den heißen Sommertagen. Ihre Kinder Klaus und Ruth Kaphan wohnen auch ganz in der Nähe, auch sie große Gartenliebhaber. Ruth hat ein großes, schönes Orchidarium, in dem nicht nur die hier einheimischen Orchideenarten wie Stanhopias und Oncidien gedeihen, sondern auch die schönsten Laelias und Cattleyas. Ruth nimmt sich mit großer Hingabe unseres Mütterklubs auf der Fazenda an. Ihre eigenen vier Kinder sind nun schon erwachsen. Im besonderen kümmert sie sich um die Bekämpfung der hier so verbreiteten Wurmplagen, die namentlich die kleinen Kinder gefährden. Es ist uns immer eine große Befriedigung, die Kinder unserer Arbeiter viel gesünder aussehend zu finden, als wir sie vorfanden, wie wir herkamen.

In naher Gartenfreundschaft wohnen wir auch mit den Nachbarn Ricardo und Hannchen Loeb-Caldenhof. Um ihr schönes Haus haben sie in Erinnerung an den Park des Wasserschlosses bei Hamm in Westfalen, wo Ricardo aufgewachsen ist, eine großzügige Gartenlandschaft angelegt. Dort wird nicht nur alles gepflanzt, was hier heimisch ist, sondern es gibt immer neue Sträucher, Stauden und Bäume, die von den Reisen zu ihren Pflanzungen im Staate Matto Grosso mitgebracht werden. Immer finde ich dort etwas Neues, und eifrig werden Ableger getauscht oder geschenkt. Es wäre noch viel von den Gärten hier zu erzählen, auch von den kleinen Gärten im Städtchen Rolandia, wo Liebhaber der bunten Caladiumblätter Kränze dieser so eigenartigen Blattpflanzen um Rosenbeete gezogen haben, wo es Sammler von Anthuriums, Strelizias, Gloriosas und Taglilien gibt, die auch einen kleinen Garten zu einem Wunder von Schönheit machen können. Vor allem unsere japanischen Siedler sind besonders mit der Kultur von Orchideen befaßt. Mit ihrer Geduld, ihrem enormen Fleiß und ihrer Beobachtungsgabe sind sie geborene Gärtner.

Den drolligsten Garten hatten wohl unsere nächsten Nachbarn auf der Fazenda: Lore und Fritz Simon. Sie hielten Ziegen und Hühner. Frei herumlaufende Hühner sind mit ihrem Gescharre ja die schlimmsten Feinde jeden Gartens. Und so hatte Lore jede der ihr teuren Nelken oder Astern mit

Stöckchen eingezäunt, um sie vor den scharrenden, geliebten Hühnern zu schützen. Simon, der in Frankfurt Amtsrichter gewesen war, traf man morgens beim Melken der Ziegen, was er nur auf die absonderlichste Art fertig brachte. Als einer Ziege die Klauen beschnitten werden mußten, wurde einer unserer entfernteren Nachbarn gerufen. Dr. K. war Arzt in Deutschland gewesen, und man dachte: der kann operieren. Er machte es auch großartig, und um die widerspenstige Ziege ruhig zu halten, setzte er sich auf ihren Bauch. Sie war dann auch ganz ruhig, aber ruhig nur, weil ihr bei der Prozedur die Luft ausging, und als Dr. K. befriedigt aufstand, waren zwar die Klauen fein glatt ... aber die Ziege war tot.

Auch mit ihren Pferden erlebten wir allerlei. Als Lore, etwas später als Fritz, zu uns nach Rolandia kam, wurde zu dem Wallach Moro noch eine Stute gekauft, die natürlich Mora genannt wurde. Daß sie hochträchtig war, ahnte Simon nicht. Und da standen nach ein paar Tagen morgens statt zwei Pferde... drei Pferde im Stall. Das Kleine war eine entzückende Stute und wurde Morinha genannt. Und so hörten wir unsern Nachbarn morgens zum Füttern dann immer rufen: Moro, Mora, Morinha. Lore Simon war eine sehr begabte Malerin, sie hat in schönen Aquarellen viel von der ersten Urwaldzeit des Anfangs hier festgehalten und mit Ausstellungen auch die anderen Siedler daran teilnehmen lassen. Durch sie angeregt, bin ich auch zur »Sonntagsmalerin« geworden, und wir haben viel Freude zusammen gehabt in ihrem kleinen Holzhäuschenatelier.

Es gab in den für uns so veränderten Lebensverhältnissen sehr oft drollige Erlebnisse. So fuhr unser Nachbar Loeb-Caldenhof eines Nachmittags mit einem Wägelchen bei uns vorbei, um eine Freundin aus dem Städtchen Rolandia bei uns zu Besuch abzusetzen. Gerda war eine noch immer schick gekleidete Berlinerin, die mit ihrem Mann durch die Naziverfolgung in das Städtchen Rolandia verschlagen worden war. Wir begrüßten sie freudig und kamen zum Wagen, um ihr mit ihrem Sonnenschirm herunter zu helfen. Der Aufbau des Wagens schien uns ziemlich hoch zu sein. Und dann entdeckten wir zu unserem großen Spaß, daß unser praktischer Nachbar die Gelegenheit der Fuhre ausgenutzt hatte und nicht nur seine Dame, sondern in dem großen Kasten unter den Sitzen einen ganzen Wurf quietschender Ferkel beförderte, die er zu seiner Farm bringen wollte. Gemischtes Parfum drang uns entgegen.

Im Anfang haben wir alle Schweine gezogen, sie gaben schnelle Erträge, machten aber auch viel Kopfzerbrechen. So erinnere ich mich, daß bei eben diesen Nachbarn eine prächtige Sau einen Darmbruch hatte, der gefährlich zu werden drohte. Wieder wurde ein Doktor zur Hilfe gerufen, dieses-

mal ein früherer Frauenarzt aus Hannover, der in unserer Nähe siedelte. Er kam auch gleich, in einen seiner alten weißen Doktorkittel gekleidet. Als Assistenten brachte er einen seiner kleinen Buben mit, der sollte chloroformieren. Das quietschende Tier wurde auf ein Brett gefesselt, und die Prozedur begann. Das Chloroform wirkte, und die Operation konnte beginnen. Der Sohn fand in Kürze, nun sei es genug des Chloroforms. Aber der Vater, der ja nur Erfahrungen mit menschlichen Körpern hatte, beorderte streng den Sohn weiterzumachen. Der Bruch konnte beseitigt werden, der Bauch wurde zugenäht, und befriedigt besah sich der Doktor sein Werk. Aber das fette Tier wollte nicht mehr wach werden, es konnte offenbar das Chloroform nicht vertragen. Die Geschichte ging aber besser aus als die mit der Ziege. Denn Besitzer und Arzt teilten sich in das Opfertier, und jedem soll seine Hälfte gut geschmeckt haben.

Starb ein Schwein an einer Krankheit – es gab im Anfang hier viele Wurmkrankheiten – so war das keineswegs das Ende seiner Verwertbarkeit. Wenn so ein halbes totes Schwein vom Hof zu unserem Haus gebracht wurde, war immer mein erster Gedanke: wir wollen es vergraben. Aber das geschah auf keinen Fall. In der Kriegszeit 1914–1918, als ich noch Chemie studierte, waren wir froh gewesen, wenn wir aus irgendwelchem Abfallfett mit Soda und Zusätzen Seife herstellen konnten, bei Kriegsende eine Kostbarkeit. Nach allerlei Beratungen mit erfahreneren Nachbarinnen und Angestellten wurde das Schwein in Stücke zerlegt, und in dem großen Waschkessel gelang denn auch das Werk. Es entstanden Berge von Seifenstücken, die sich nach einiger Zeit des Trocknens großartig für unsere Hauswäsche eigneten. Jahrelang haben wir selbst gewurstet, gepökelt, geräuchert, Fett ausgelassen. Das besorgten wir Frauen, und jede war stolz, wenn ihre Werke bewundert und gern gegessen wurden.

Die Grieben gaben die Leckerbissen für die Hunde. Jedes Haus hier auf dem Lande hat eine Puxada, einen gedeckten Vorbau bei der Küche. So wurden alle diese Arbeiten im Freien gemacht. Man sah dabei auf blühende Hibiskusbüsche, auf grünen Rasen, auf Blumenbeete. Fast das ganze Jahr über konnte sich so all diese Tätigkeit im Garten abspielen, denn nur wenige Tage ist es hier wirklich kalt. Unsere Puxada liegt in einem herrlichen Gartenstück, beschattet von einer lila blühenden Tibouchina und einem rot blühenden Ingastrauch voll von Vogelnestern. Vor der Sonne geschützt, mit einem großen Tisch zum Bügeln ist sie ein geradezu angenehmer Aufenthaltsplatz.

Gelb blühender Hibiskus mit handtellergroßen Blüten, einer unserer schönsten Sträucher hier, wächst an dem Gitter der Einzäunung, in der die Hunde nachts das Haus bewachen. Unter den Fenstern der Rückseite des Hauses blüht fast das ganze Jahr eine Hecke blauer Plumbagos. Blau ist eine der bevorzugten Farben in unserem Garten. Von der Vorderfront sehen wir auf die mehrmals im Jahr blühenden hohen Büsche der Flor de Sao Miguel, deren Blau sich so schön von dem Gelb der Orangen abhebt. An der Veranda haben wir unter den Trinkfläschchen der Kolibris blaue Salvien gepflanzt, die die Kolibris lieben; sie sind ihren langen Schnäbeln durch die länglichen Blütenhälse angepaßt. Von den hinteren Fenstern sehen wir auf den Gartenzaun, dessen Holz völlig von dem Schlinggewächs der großblütigen blauen Thunbergia zugewachsen ist.

Viele Besucher aus São Paulo, viele Freunde und Verwandte aus Deutschland und den USA teilten mit uns im Laufe der Jahre die Freuden des Gartens: Die behaglichen Frühstücke mit duftendem eigenen Kaffee auf der Veranda, wo wir die Sonne aufgehen sehen, wo wir die Kolibris ihre Morgendusche im Strahl des Springbrünnchens nehmen sehen. Wenn es anfängt, hell zu werden, beginnt schon die Arbeit auf der Fazenda. Die Arbeiter mit ihren geschulterten Hacken gehen hinter dem Gartenzaun vorbei in die Kaffeepflanzung, die Milch kommt vom Hof. Wer mag da im Bett bleiben? Ich bin in den ersten Jahren oft wochenlang nicht ins Städtchen gekommen.

Max dagegen ritt und fuhr oft nach Rolandia. Es gab Angelegenheiten der Fazenda zu erledigen, Käufe, Verkäufe, Banken waren aufzusuchen. Aber der Hauptgang war doch immer der zur Post: Die Zeitung, die sehnlich erwarteten Briefe, die uns mit der Familie und den Freunden in der ganzen Welt verbanden. In fast ganz Europa tobte der Krieg. Wir hatten selbst kein Radio, bei einem der Nachbarhöfe konnten wir manchmal abends mit Kopfhörern etwa über das Geschehen in der Welt erfahren. Trotz der Anfangserfolge der Nazis waren wir beide immer fest davon überzeugt, daß es den

Alliierten eines Tages gelingen würde, »den Drachen vom güldenen Stuhl« zu stürzen. Wir haben immer bedauert, daß wir in unserer weiten Ferne im Urwaldgebiet von Brasilien so gut wie nichts dazu beitragen konnten. Unser nächster Freund Hermann S. – die Familien von Max und Hermann waren seit Generationen in Frankfurt nah befreundet – kämpfte als amerikanischer Soldat im Hürtgenwald, im hohen Schnee. Wie er mir später erzählte, mochte er dann nie mehr Ski laufen...

Und wir durften so friedlich auf dem Land leben, großartige Wolkengebilde beobachten, Regen erleben, die das Haus wie in einen Mantel einhüllen, doppelte, ja manchmal dreifache Regenbogen am weiten Himmel sehen. Wir liebten die Sonnenaufgänge am leuchtend blauen Himmel, die farbigen Sonnenuntergänge mit den oft dramatischen Wolkenbildungen.

Das Wetter ist ein ständiger Unterhaltungsgegenstand auf dem Lande, denn es bedeutet so viel für die Landwirtschaft. Mal ist es lange zu trocken, mal regnet es zu lange, was besonders in den ersten Jahren bedeutete, daß man bei der klebrigen roten Erde kaum etwas im Garten unternehmen konnte und alle Farmarbeiten stillgelegt waren. Die Kaffeeernte namentlich verlangt lange Trockenzeiten, die ja auch meist in den Monaten Juni bis September hier vorherrschen. Denn der Kaffee wird tagelang im Freien auf den gepflasterten Trockenplätzen zum Trocknen ausgebreitet, wieder zusammengerecht und gewendet. Dagegen brauchen wir im Sommer, in den Monaten Dezember, Januar und Februar reiche Regenfälle.

In dieser Hinsicht hatten wir oft gute Jahre, doch auch manchmal Kummer, wenn man sehnsüchtig wartete, daß es endlich regnen oder daß endlich der Regen aufhören sollte. Ging in den Monaten Juni bis September das Thermometer nachmittags bis auf 6 oder 8 Grad Celsius herunter, so bestand die große Gefahr der Nachtfröste, die verheerend für die Kaffeepflanzungen sind. Jedenfalls ging unser erster Blick in der Dämmerung aus dem Schlafzimmer immer zum Himmel, und auch abends hieß es: »Kannst du Sterne sehen?« So eng verbunden lebten wir mit der uns umgebenden Natur, der Fazenda, dem Garten und mit allen auf der Fazenda lebenden Menschen und Tieren und Pflanzen.

Da dies nun ein Bericht über die Gärten meines Lebens ist, möchte ich auch noch etwas über die Gärten in São Paulo und in Rio erzählen, Städte, die wir doch öfters besucht haben. In São Paulo gibt es den sehr weit draußen liegenden botanischen Garten, der zwar große Sammlungen von Orchideen im Freien und in Gewächshäusern besitzt, stattliche Baumanlagen und große Rasen. Aber keine große Schöpferhand hat ihn gestaltet. Er ist nicht zu vergleichen mit der Schönheit und dem Reichtum an Pflanzen in den botanischen Gärten von Los Angeles oder von Berkeley in Californien, die wir bei späteren Reisen bewundern durften. Dagegen ist die Anlage des zoologischen Gartens in São Paulo durch den Gartengestalter Burle Marx geradezu einzigartig schön. Den Mittelpunkt bildet ein riesiger See mit den unzähligen Wasservögeln Brasiliens. Immer und immer wieder sieht man die fast unwirklichen Formen der Pelikane, der Flamingos, der Reiher, die schrulligsten Entenarten. Und in dem See sind Inseln, auf denen die so vielartigen Affen Brasiliens frei herumturnen. Sie leben in völliger Freiheit auf den kleinen Inseln, ohne Käfige, und man kann sie vom Ufer aus bei ihren Liebesspielen und bei der Aufzucht ihrer Jungen beobachten. Der riesige Garten ist hügelig und alle Tiere leben wie in der freien Natur, nur durch Gräben und kaum sichtbare Zäune vom Publikum getrennt. Bäume und blühende Sträucher begleiten die Wege. Und natürlich haben die Kolibris dort riesige Gehege, in denen die Hunderte von Arten frei herumfliegen, aus Zuckerfläschchen trinken, Nester bauen und ihre Jungen aufziehen, ein faszinierender Anblick. Jeder Besucher sollte sich aus der Betonstadt São Paulo, ihrem Benzindunst und dem unmenschlichen Autoverkehr, in den herrlichen zoologischen Garten flüchten, wenn er Zeit dazu findet.

In Rio zählt der Botanische Garten zu den Sehenswürdigkeiten der Stadt. Wir haben ihn oft besucht. Er hatte große Alleen riesiger Palmen, die noch in der Zeit des Kaisers Don Pedro gepflanzt worden sind. Man bewundert die mächtigen Stämme, und wenn man die Wipfel sehen will, so muß man schon den Kopf ordentlich nach oben drehen. Seine Blumenanlagen sind wegen der vielen, nun schon sehr alten Bäume etwas kümmerlich. Interessant ist eine Herbariumsammlung mit wissenschaftlichen Erläuterungen. In den Gewächshäusern kann man, wenn man Glück hat mit den Blütezeiten, schöne Orchideen bewundern. Als Gartenanlage ist er für unseren heutigen Geschmack konventionell. Am besten haben mir immer die riesigen alten Mangabäume gefallen, die in einem Nachbargarten stehen, der auch dem Publikum zugänglich ist.

In Rio waren wir, als im Mai 1945 der furchtbare Krieg zu Ende ging. Unsere Gretel hatte mit unserer vollen Zustimmung beschlossen, nach Nordamerika weiter auszuwandern. Dort hatten sich unterdessen ihr Bruder und ihre Schwester sehr gut eingelebt und waren nordamerikanische Bürger geworden.

Wir feierten im Mai 1945 das Fest unserer Silbernen Hochzeit, ich sage feiern, weil uns ja trotz Auswanderung und Krieg unser Zusammenleben so viel Glück geschenkt hat, daß wir Grund zum Feiern und zum Dank an unser Geschick hatten. Gretel hatte in Rio eine Gouvernantenstelle bei einer reichen nordamerikanischen Familie angenommen, mit der sie Ende des Jahres nach Miami fliegen wollte.

Diesen 8. Mai in Rio konnten wir nie vergessen. Brasilien war ja im letzten Jahr auch noch auf der Seite der Alliierten in den Krieg eingetreten und hatte ein Kontingent Truppen nach Italien geschickt. Also feierte man das Ende des Krieges, den Sieg der Alliierten. Verkleidet wie beim Carneval tanzten die Menschen auf den Straßen.

Und unsere Herzen waren schwer von all dem unsagbaren Leid, das der Nationalsozialismus und der Krieg über Europa gebracht hatten. Unsere vielen Freunde, unsere jüdischen Familien ausgerottet, Deutschland, das doch einmal unsere geliebte Heimat war, in Trümmern. Wir wußten um das unsägliche Elend der Flüchtlinge aus dem Osten.

Von Hermann, der mit dem amerikanischen Heer in Deutschland eingerückt war, hatten wir schon Fotos von den Überlebenden von Konzentrationslagern bekommen, von unseren zu Skeletten abgemagerten Freunden in Frankfurt.

Wir flüchteten aus der Stadt mit ihrem munteren Treiben. Wir fuhren hinauf nach Santa Theresa zu der Chacara do Ceu, dem Himmelsgarten.

Dort liegt ein Garten um ein schönes, großes Haus, das ein reicher brasilianischer Kunstsammler einer Stiftung vermacht hatte. Im Haus befindet sich eine großartige Sammlung französischer Impressionisten und Bilder und Zeichnungen unseres berühmten brasilianischen Malers Portinari.

Dort saßen wir im Garten unter blühenden

Hibiskusbüschen der Brincos da Princesa. Aus diesen »Ohrringen der Prinzessin« mit ihren gezackten rosa Blüten baumelt ein goldener Stempel wirklich wie ein Ohrgehänge heraus. Hier war es still, und feierlich war uns zu Mute. Wir drei sahen auf die so zauberhaft gelegene Stadt Rio mit ihren vielen Buchten und Bergen, wir sahen auf den Zuckerhut, auf das Orgelgebirge im Hintergrund und auf das tiefblaue Meer. In tiefer Bewegtheit sahen wir all diese Schönheit der Welt. Wir dachten an unser friedliches Holzhaus in Paranà, das wir uns im Urwald hatten bauen dürfen. An die Pfosten des Wohnzimmers und an Maxens Arbeitszimmer haben wir nach uraltem jüdischen Brauch die kleinen Metallkapseln angebracht, in denen die Verse aus dem 5. Buch Moses auf Pergament in hebräischen Buchstaben geschrieben stehen:

»Du sollst den Ewigen, Deinen Gott, lieben, von ganzem Herzen und von ganzer Seele...« Uns hat das immer bedeutet, daß nur die Liebe uns Menschen helfen kann, die Liebe Gottes, die sich in der Schönheit der Natur offenbart.